池上彰が聞いてみた

「育てる人」からもらった6つのヒント

帝国書院

目次

はじめに―道を究めた人たちから学ぶこと　ジャーナリスト・東京工業大学教授　池上　彰　4

●対　談

自分の役割に気づけるとプレーが変わる
「見ていてくれる」がやる気を生み出す
元プロ野球選手・監督　王　貞治氏　15

「思い」が集まれば世の中を変える力になる
未来は子どもたちが作り出す
作家・僧侶　瀬戸内寂聴氏　47

読書がもたらす成功体験
わからないところがあるくらいの読書が人を成長させる
資生堂名誉会長 福原義春氏 73

色とりどりの教師が個性あふれる子どもを育てる
自分の頭で考える。それが未来をひらく鍵
作家 乙武洋匡氏 99

学びの「技」と「型」を子どもに伝えよう
問いと発見の魅力で子どもは動き出す
明治大学文学部教授 齋藤孝氏 127

教育は技術ではなく、創造力が必要な芸術
人材教育は教える側から変えていく
独立行政法人宇宙航空研究開発機構（JAXA）
宇宙科学研究所宇宙航行システム研究系教授
元「はやぶさ」プロジェクトマネージャ
川口淳一郎氏 165

はじめに──道を究めた人たちから学ぶこと

ジャーナリスト・東京工業大学教授
池上　彰

ひとつのことに道を究めた人の話からは、学べることがたくさんあります。その人の話は、その道のことであっても、それ以外のさまざまな分野にも通じることだからです。

ここで取り上げられているインタビューは、帝国書院が全国の先生や教育委員会の人向けに発行している冊子「階」（きざはし）に連載されてきたもののうちの6人です。

掲載当時は、紙幅の関係で内容を圧縮しなければならず、実にもったいないという思いがありました。読者からも、「もっと読みたい」という希望があり、この本に結実しました。

掲載時に泣く泣くカットした部分を復活させ、読み応えのあるものになったと思います。

登場する人の顔ぶれを見ればわかるように、必ずしも教育関係者ばかりではありません。でも、それぞれの分野で大きな功績を築き、人を育てることに意を用いてきた人ばかりです。この人たちの経験や、人知れず積み重ねてきた努力から学べることは何でしょうか。

数多くの挫折から「世界の王」誕生

たとえば王貞治さんです。ホームランの世界記録を打ち立てた「世界の王」。地道な努力を積み重ねてきたことはよく知られていますが、その背後には、何回もの挫折があったというのです。

最初の挫折は高校受験で志望校に入れなかったこと。野球の名門である早稲田実業学校で活躍したのですから、当然第一志望で入ったものと思っていましたが、そうではなかったのです。早稲田実業に入ったことによって、野球をするようになったというのですから、人生はわからないものです。

次の挫折は、高校3年生のときに夏の甲子園に出られなかったこと。それまで4回も甲子園に出ていたのに、高校の最後を飾る夏は、予選の延長戦でいったんリードしたのに、ひっくり返されて夢が潰《つい》えました。でも、その結果、それまで大学に行くつもりだったのを方針転換。プロ野球の道に進みました。

さらにプロになったら、ピッチャーからバッターに転向させられました。王選手といえばホームラン王として知られていますから、バッターとしてプロ生活をスタートしたと思い込んでいる人も多いでしょうが、実はピッチャーとして入団したのです。それなのにピッチャーをやめさせられたのですから、甲子園優勝投手としてのプライドはズタズタになりました。こうした数々の挫折を乗り越えてきたからこそ、「世界の王」が生まれたのでしょう。

スポーツ選手にはスランプがつきものです。いや、スポーツに限りません。勉強だって、急に成績が悪くなったり、いくら努力しても成績が向上しなくなったりすることは、誰もが経験していることです。王選手の場合は、どうしたのか。来る球すべてを打とうとしなくなったら、打てるようになったというのです。自分が打てる球に絞ってスイングする。それが結果につながりました。この話、野球以外にも通じるものがあります。

王選手は、現役時代ばかりでなく、監督になってからも多くの実績を残しました。「選手は監督が見ていないと不満なんですよ」という発言には、はっとさせられました。自分なりにいいプレーをした選手は、必ず監督の顔を見る。「そのときに監督と視線が合わないとがっかりしますね」というのです。

これは、教育現場でも、ビジネスの現場でもいえることでしょう。生徒は先生に、部下は上司に認められたいのです。認めてあげる。「関心をもっているよ」と伝えること。そして、方向を示してやれば、「あとは自分でやれるようになります」。

野球を究めた人の言葉は、学校でも会社でも通用するのです。

すべて「常ならず」

瀬戸内寂聴さんは、王選手とはまったく違う世界の人ですが、人生を考え抜くなかで仏門に入った異色の経歴の持ち主です。東日本大震災から間もなくの時期に話をうかがいました。あの悲劇から、私たちはどう立ち直ることができるのか。これが私の問題意識でした。日本では昔から「無常観」が存在しました。しかしこれを瀬戸内さんは「常ならぬ」と読み、「常に変わっていく」と受け止めるべきだといいます。生生流転。「変わるということは、今非常に悪くても必ず変わるんです」「今のこの状態は絶対に何年も続かない。何とか今を耐え忍んでいけば、必ず変わっていきますよ」という言葉は、私たちに勇気を与えてくれます。これこそ究極の楽観主義でしょう。

仕事でも人生でも、誰もが悩み、苦しみます。でも、それは「常ならぬ」こと。いずれ変わります。ましてどん底にいたら、あとはよくなるだけ。そう考えれば、生きていける気がします。

東日本大震災で多くの人が犠牲になったこと。これを、子どもたちにどう伝えればいいのか。瀬戸内さんは、「こういうことが起こらないようにするにはどうすればいいか。将来それを考えられる人になるために、勉強しましょう」と言ってほしいといいます。マイナスをプラスに転換するとは、まさにこのことでしょう。

すぐ役立つ本より古典を読め

優れた経営者は、読書家でもある。多くの経営者と接して実感したことです。それに対して、学校の先生は、あまり本を読んでいない。これも悲しい現実です。

会社の経営者は、猛烈に忙しいはずなのに、読書の時間はしっかり確保する。資生堂の福原義春さんの経営の基礎には大量の読書経験がありました。

しかし、「本というのは活字を追うだけではダメで、何が書かれているのか考えながら読まなければ、目を通す価値がない」。

読書量が多ければいいわけではない。読書しながら何を考えるかが問題なのですね。

読書では、私たちはつい、すぐに役立つ本を選んでしまいがち。でも、「ビジネス書やノウハウ本が役に立つのは、出版されてからせいぜい2~3年」。千年の時代の試練を経ても現代に残る古典にこそ、「人間の膨大な叡智が詰まっている」。

本を読みたくなってくるではありませんか。

会社を経営する上で大切なことは何か。後進を育てること、人材を育成することだというのです。

新製品開発に力を入れて一時的に利益を上げることと、人材を育てるのと、どちらが企業の永続性につながるのか。福原さんは、こう問いかけます。教育の大切さについて、企業経営者に教わるのです。

ゴールをどこに置くのか

電動車いすでどこでも出かけている乙武洋匡さん。教育について語るなら、教員免許をもっていたほうがいいとアドバイスを受け、大学に入り直し、実際に学校の先生まで体験しました。外の世界から教育界を見て、感じることも多かったようです。

職業選択にあたっては、何のために職業を選ぶのかを考えたほうがいいと提言します。たとえばプロ野球選手なら、「プロ野球選手になる」ことを目的にしてきた人は、入団した途端、そこがゴールになってしまって、緊張が切れてしまうというのです。

これは学校の先生も同じですね。「先生になりたい」と思っていただけでは、先生になってから伸びません。なぜ先生になりたいのか。それを突き詰めて考えておくことです。

その際、「子どもが好きだから」というだけでは不十分だと乙武さんは言います。「子どもが好きだから」というのであれば、「ボランティアで遊びに来てよ」と言いたくなるそうです。

「子どもが好きだというのは大前提であって、その上で子どもに何を伝えたいのか、子どもをどういう教育観で日々指導していきたいのかという目的をしっかりもつべきです」というわけです。

「先生」になりたいと思っているだけではダメ。先生になって、何を実現したいのか。校長になったら、どんな学校にしたいのか。目標は、常に遠くに置いて、目の前を直視することです。

これは政治家についてもいえることでしょう。「総理大臣になる」ことを目標にしてきた政治家は、総理になった途端、目標を失います。「総理大臣になって、こういうことを実現したい」という明確な目標をもった政治家は、総理になった後に、仕事を成し遂げます。

技を真似るところから

独自の教育実践が多くの世界で受け入れられた齋藤孝さん。私はＮＨＫ在籍時代、齋藤さんによる研修を受けたことがあります。人を惹きつける話し方、人を動かす力に感銘を受けました。

齋藤さんは、大学の教員養成課程で、先生のタマゴを教えています。悪い先生は、膨大な時間を板書に費やし、それを生徒に写させ、貴重な時間を奪い取っている。子どもの時間を「供出させ、散財している」というのです。「もはや犯罪に近い」というのが齋藤さんの批判です。

日本の教育は、「考えることが大切」という言葉に絡めとられていると齋藤さんは指摘します。ただ「考えること」といっていても、どうするかは見えてこない。「まずはきちんと読解できる、人の言っていることがわかる、メモがとれる、自分のコメントが言えるという『技』があってこそ」なのだといいます。「その訓練を積んでいれば、いざ社会に出たときに、自由に考えていける」のです。

スポーツ選手は、技が身についているから自由な活動が可能になる。まずは基礎を叩き込んでから。これは、すべての世界でいえることでしょう。

ＨｏｗでなくＷｈａｔを

齋藤さんが技術の大切さを強調するのに対して、川口淳一郎さんは「教育は芸術だ」といいます。

川口さんはＪＡＸＡ（宇宙航空研究開発機構）で小惑星探査機「はやぶさ」のプロジェクトマネージャーでした。数々のトラブルに見舞われながらも地球への帰還を果たした「はやぶさ」は、閉塞感のあった日本の私たちに夢と希望を与えてくれました。そんな川口さんに講演依頼が殺到するのは当然のことでしょう。人々は、「はやぶさ」の体験から学びたいのです。

その理由のひとつは、ものづくりに優れたはずの日本が、ものづくりでの競争力を失ってしまったからです。行き詰ったら、どうすればいいのか。川口さんは、「新しいものをつくる」ということが大事だと強調します。

「いいものを大量につくっていけば、どこまでも発展していく」というのは誤解である。いずれ崩壊してしまう。どこかで「新しいものをつくる」方向に転換しなければいけないのです。

そのためにどうすればいいのか。問題はＨｏｗではなく、Ｗｈａｔなのだというのです。Ｈｏｗは「やり方」。学校ではこればかり教えているけれど、本当はＷｈａｔを探す訓練をしなければいけないというのです。「提供されている範囲の外に何があるかを見つけられる人材を育成しないと、既存の壁は破れないいんです」。

その上で、川口さんは、教師に厳しい注文をつけます。学校の先生には「芸術的なセンスが求められます。芸術的なセンスとは、教科書に書いてあること以外を探す努力のことです」というのです。

新しいものに挑戦して成し遂げた人だからこそ言える言葉でしょう。

私の解説はここまでにして、さあ、実際の対談をお読みください。ひとりひとりの肉声から、人となりも見えてくるはずです。

自分の役割に気づけるとプレーが変わる
「見ていてくれる」がやる気を生み出す

元プロ野球選手・監督

王　貞治　氏

ホームランの世界記録をもち、野球に対する情熱と真摯な姿勢が世界中から尊敬される王貞治さん。選手としてだけでなく指導者としても、万年Bクラスのチームを常勝チームへと変身させ、さらには日本代表チームを率いて世界一に輝くなど、選手の心をつかむ指導力は誰もが認めるところです。

近年、野球少年の指導や育成、野球を通じての社会貢献などにも尽力されている王さんに、選手時代のモットー、指導者としての心がまえ、日本の教育についてのさまざまな思いをお聞きしました。

●王　貞治（おうさだはる）

1940年、東京都生まれ。早稲田実業学校高等部卒業後、読売ジャイアンツ入団。77年本塁打世界記録となる756号を打ち、国民栄誉賞を受賞。通算868本塁打。80年現役を引退。84年より5年間ジャイアンツ監督を務めた後、95年より14年間福岡ダイエー（現ソフトバンク）ホークス監督を務め、リーグ優勝3回、日本一2回の黄金時代を築き上げる。2006年第一回WBC日本代表監督として世界一。現在、ソフトバンク球団会長のほか、コミッショナー特別顧問、財団法人世界少年野球推進財団理事長など、野球の普及や指導、スポーツを通じての子育てにも力を注いでいる。

基本を繰り返し、単純に考えることで迷いを振り切りました

池上 今日は、子どもの頃からの憧れの人を目の前にして、ちょっと緊張しています（笑）。

王 いやいや（笑）。何でも聞いてください。

池上 いまや世界が尊敬する王さんですが、その道のりは常に順風満帆だったわけではないですよね。若い世代は知らない人も多いと思いますが、王さんはジャイアンツ入団当初はピッチャーでした。それがいつの間にかバッターになっていた。子ども心に驚いたのを覚えています。ご自身には葛藤もあったのではないでしょうか。

王 キャンプインして2週間はピッチャーをやったんですよ。2週間して、当時の監督、投手コーチ、打撃コーチに呼ばれて、「明日からバッターになれ」と。

池上 それはやっぱり最初の挫折でしたか？

王 挫折ですね。ただ、私のいちばん最初の挫折というのは、高校受験で志望校に入れなかったことですよね。それから3年の夏に5回目の甲子園に出られなかったこと。延長12回、4対1で勝っていたのに、ひっくり返されたという。大きな挫折感はないんですが、ひとつひとつの影響が大きいんですよね。それで、その後ががらっと変わっちゃっているんですよ。

池上　でも、結果的にすごくよかったのではないですか？

王　そのときは、甲子園に出られなかったから、大学に行くつもりだったのに、プロへ行っちゃった。たしかに、自分にとっての大きな区切りとしてそういうことがあり、それで方向転換して、結果的にはいい方、いい方へと向かいましたね。

池上　結果的にピッチャーからバッターへの転換も、いい方ということですね。ただ、ピッチャーは花形で、テレビ中継では常にそこが映っていますよね。

王　ピッチャーをやった者、ましてやそれなりの成績を残した者は、ピッチャーの「快感」、そう言うとちょっとオーバーかもしれないけれど、相手をものの見事に封じ込めたときの優越感みたいなものがあるわけですよね。それは、ホームラン打ったことよりも、ピッチャーでいいピッチングして、自分が相手を押さえ込んだときの方が、歓びが強いでしょうね。

私も甲子園優勝投手ですから、プライドがありました。「そんなにダメなのかなあ」という思いもありましたが、当時は監督の言うことは絶対でしたから。でも、今となっては感謝しています。やはり監督やコーチの目は確かだったと。

池上　そうしますと、バッターになったときに、ピッチャーがどういうことを考えているかおわかりになるんじゃないですか？

王　これは立場でやっぱり違うと思うんですね。特に私は高校までですからね。プロに入ったらレベルが全然違いますので、そういう風に考えることはなかったですね。それと、選手、コーチ、監督もやってみて感じることがあります。キャッチャーはバッターがどう思っているかを視野に入れてピッチャーをリードしているわけですが、そのわりにはバッターとして打てない人が多いということです。

池上 たしかに、そうですねえ。

王 だからやっぱり状況が読めるとか、バッターの心理が読めるということと、結果が良くなるということは、別だということですよ。結局、思った通りにボールが来てもそれを打つ技術がないとダメですからね。

池上 なるほどね。でも今、高校野球を見ていても、ピッチャーだけれど、バッティングもすごい、という選手、いますよねえ。

王 いますね。ピッチャーとしてはいいけれど、バッターとしては全然ダメという人は少ないですね。やっぱり運動神経というか身体の使い方という点では、私はピッチングとバッティングは共通する面があると思います。

池上 王さんもそのパターンだったのでしょうねぇ。それでプロに入って、いよいよバッターになりましたが、一本足打法になるまでには、いろいろな試行錯誤がありましたよね。

王 ええ、「王、王、三振王」って言われてね。プロのピッチャーは選りすぐられた人たちですから、高校のピッチャーとは球の速さも違うけれども、重さが全然違うわけです。

池上　重さ！　出た（笑）。

王　私がプロに入ってすぐ、初めて練習させてもらったときに、4、5年目の野手の人が投げてきたボールも重かったです。大人の球、子どもの球という感じがありましたね。打ってもそうでした。

池上　球が重い……。よくいわれますが、これは、スピードの問題なのですか？

王　ズシッときます、ズシッと。スピードの問題じゃありません。打っても、高校時代の自分たちの仲間が打った球はそんなに抵抗なく飛んでいくんですよ。ところがプロに入ったときは、ほんとに芯で打たないと球は飛んでいかない、という感じがしましたね。

あと、ボールをしっかりとらえて打つには、バットの振りも大切ですが、やはり「タイミング」が大切なんです。経験したことのないピッチャーと対戦するのですから、初めはタイミングがなかなかとれませんでした。それで、タイミングをとるためにいろいろと試したうちのひとつが一本足打法だったんです。

一本足打法をやったら、ボールとの距離がうまくとれるようになったんです。ですからホームランはどちらかというと副産物でしてね。やはりボールとの距離がとれる、ということが、一本足打法をやって自分にとっていちばんよかったことですね。

池上　ホームランは副産物!?

王　ええ。というのは私、甲子園でもホームランを2本打っていますし、もともと遠くへ飛ばすことはできたんですね。ただ、試合でなかなかうまくタイミングがとれないから、できなかっただけで、うまく当たればね……。

池上　王さんがたいへん練習に練習を重ねたとよくお聞きします。たとえば射撃などでは、実際にその練習をする前に、ひたすら的を見たり、ひたすら遠くの小さなものを見たりしているうちに、的がだんだん大きく見えてくる。ものすごく的が大きく見えてくれば、大きな的に当てるわけだから非常に簡単だ、と。そういう練習はされましたか？

王　そうですね。我々はストライクゾーンを知るということが大事なんですよ。ですからブルペンでピッチャーがピッチングしているときに、よくその打席に立ちましてね、投げられた球を見て、キャッチャーに対して必ず自分も「ストライク」とか「ボール」とか言うわけです。もちろんど真ん中は問題ありません。きわどいときに自分が言う、キャッチャーが言う。で、自分とキャッチャーの言うことが合うか合わないかを常にチェックしていました。

　ストライクゾーンを知っているか知らないかというのは、きわどい球を見極められるか見極められないかということで、それは、バッターとしての生命線だと思います。

池上　ブルペンで練習しているときに、横に立たせてもらったわけですよね。

王　今の選手はあんまりやっていませんけれども、私たちは必ずブルペンに行って、ピッチャーがピッチングをするときに、打つつもりで立ちました。僕が「ストライク」って言っても、キャッチャーが「ボール」って言う場合もあるし、「ボール」って言って、「ストライク」って言う場合もある。

池上　そうすると「ああ、今のは自分が間違っていた」って感覚を調整する。

王　自分では外したと思った球が外れていなかった、そういうズレを矯正しておくわけです。

池上　やっぱり。

王　自信をもって打席立つにはね。それがないと不安でしようがないから、強く振るという

より、やっぱり軽く当てにいっちゃうんですよね。振り切れなくなっちゃうんです。

池上　ああ、なるほど！

王　その球に自信がないから、見逃せないで打っちゃったり、当てにいったり。

池上　よく体が泳ぐっていいますよね。

王　ストライクゾーンというのは今の選手にも、もっともっと大事なことだと思って欲しいですね。

池上　なるほどね。やっぱりバッターはどうしてもバットを振ることばっかり、華やかに見えますけど、実はそういうことをやっているわけですよね。

王　振るのはもう当たり前のことで、それよりもボールを打たないっていうことも大事なんですね。

池上　その頃ですね、「三振王」といわれていたのは。なかなか結果の出ない時期の辛さはどのようにして乗り越えることができたのでしょうか。

王　まあ、プロに入って、最初、まったく打てなかったことは、そんなに気にしたわけではないんです。「三振王」といわれようが何しようが、「打てないんだからしようがないじゃないか」という開き直りのようなものがありました。

むしろ私は、一本足打法になって10年間くらいよい成績が続いていたのに、あの1年間はまったく打てなくなってしまって、その頃がいちばん辛かったです。どうしたらいいかわからないくらいに、糸がこんがらがってしまった感じでした。

池上　そこをどうやって乗り切ることができたのですか。

王　なるべく単純に考えて、練習ではゆるい球を投げてもらって、ボールをしっかり見て、芯で打つ、それを繰り返しました。

池上　基本に返ったわけですね。

王　あれこれ考えると、よけい難しくなるんですね。ピッチャーもいろいろな球を放ってくるわけですよ。ゆるいのから速いのから、高いの、低いの、遠いの、近いの。それまではすべての球を打たなければいけないと思っていたのですが、外角の低めに来た球はもう相手のストライク。相手がよほど思った通りに投げた球は打てないんだと、自分の打つべき球は真ん中辺だ、といつか気づくんです。

池上　全部打てれば打率10割になっちゃいますからね。

なるほど！　池上彰がもらったヒント

来る球はすべて打つのではなく、自分が打てる球をスイングすればよい

王　そう、全部の球を打っちゃったら、ピッチャーやる人いなくなっちゃいますからね（笑）。まあ、そういう風に思えるようになったのは、やはり、プロに入って12年、13年経ってからですかね。それまでは、やっぱり、来る球を追っかけてばかりいました。経験を積むと割り切れるようになる、そうすると迷いがなくなるんです。

池上　なるほど。それは仕事でも人生でも大切ですね。

王　全部打つということは、難しく考えるということにつながって、堂々巡りになってしまい、結局真ん中あたりの球をミスっちゃうんですよね。

池上　たしかにそうですね。それにしても、ホームランを量産する王さんに対しては、相手ピッチャーもかなりきわどいところに投げてくることもあったと思いますが、それに対して恐怖心をもったことはありませんでしたか。

王　恐怖心というのは、なぜかあまりなかったですね。一度、頭に当たったことがあるのですが、そのときは自分が悪かったんだと受けとめました。「相手が悪いのではなくて、よけきれなかった自分が悪いんだ」と思ったから、次の試合も怖くないわけですよ。

池上　そうかあ！　つい先日、ある方と話をしていて、「上が悪いと思ってはいけない、上にそういうことを言わせている自分が悪いんだ、と思うことが大事」と聞いたばかりだったものですから。

王　自分がしっかりしていれば、よけられると思っていますからね。私は1回しか頭には当たっていませんが、その次の試合で2本ホームランを打ったんです。それは、自分自身がしっかりしていれば大丈夫だ、と思えたことがよかったんだと思います。

ホームランの数より試合に出た数が私の誇りです

池上　王さんをずっと拝見してきて思うのは、まさに道を究めた方、「野球道」という言葉がピタリとあてはまる方だということです。

王　まわりの人がどう言うかというのは、表現はいろいろあるでしょうが、私のなかにいつもあったのは、「もっとうまくなりたい」という思いでした。「もっと強い打球を打ちたい、もっと大きなホームランが打ちたい」と思うから、ひたすら練習を続けることができました。

池上　スタンドに入ればいいというだけではないのですね。

王　試合ではそうかもしれません。でも自分では常に、もっと飛ばせるようになりたいと思っていないと、そこで止まってしまいます。だからバットスイングもよくやりました。バットを振った数では、同じ年代のなかでは誰にも負けないと思っています。まわりからはムダな練習のようにずいぶん言われましたよ。「歳をとってからそんなにやらなくてもいいじゃないか」と。でも私は練習をしないと気がすまなかったですね。

池上　そうですか。

王　体は正直ですから、きちんと準備しなければ試合でやれないです。それでいつの間にか22年現役を続けました。私がいちばん誇りに思っているのは、ジャイアンツのユニフォームを着て試合に出た数、打席に立った数が、歴代選手のなかでもっとも多いということです。そのことが、ホームランの数よりも、私自身の誇りなんですよ。

池上　なるほど。

王　これは自分が一生懸命、「もっと、もっと」と思ってやったことの結果だと思います。だから私にとっていちばんの誇りなんです。

人のため＝自分のため＝チームのため気づけばプレーが変わります

池上　すばらしいですね。しかしそれほどの人が、ホークス、当時は福岡ダイエーホークスへ行かれましたよね。「ジャイアンツの王さんが、なぜホークスに行くの？」という思いが、正直言ってありました。

王　そうでしょうね。今はもう違いますが、確かに昔の日本球界には、ひとつの球団でずっと忠誠心をもってプレーするというのがありましたからね。

私は選手から助監督、監督と30年間ジャイアンツのユニフォームを着て、その後6年間現場から離れました。ユニフォームを脱いで3年目くらいまでは、再びユニフォームを着る気なんて起きなかったんですが、だんだん野球をやっているときのときめきを思い出すんです。

4年目、5年目と、だんだんやりたいなという思いが出てきたときに、ちょうど誘いを受けました。正直、抵抗はありましたが、パ・リーグで九州、違うリーグでいちばん遠いチームというのは、受け入れやすかったんでしょうね。

池上　そうでしたか。そのホークスですが、ジャイアンツとはだいぶチームの雰囲気が違ったと、ご著書のなかで書いていらっしゃいますね。つまり、ジャイアンツにいたときにはみんな優勝を目指していたし、優勝できない、ましてAクラスに入れないようなことがあったらたいへんなことになるという意識があった。ところが、ホークスに行ったら、「優勝できなくても当たり前だ」とみんなが思っていて驚いた、というお話がありました。

王　はい。ジャイアンツは常に優勝争いもしていましたし、私はV9も経験しているでしょう。だから優勝するためにやるというのが当たり前だったんですよ。

ところがホークスの場合、17、18年ずっとBクラスで、優勝争いもしていないわけです。ですから、選手たちにも「勝ちたい」という思いはもちろんあるのですが、ここいちばん、ここぞというときのプレーに差が出てしまうんですよ。

池上　そうですよね。

王　私が当たり前のことだと思って言ったことでも、彼らの受け取り方は全然違うということもありました。でも、私は言い続けましたね。やはりやる以上は勝ちたい。みんなその思いはあるんですから。

池上　そうはいっても、言うだけではダメなこともありませんか。

王　そうです。ですから、「今日の誰々の送りバント、本人は犠牲的にしてくれたけど、あれが勝因だった」とかね。そういうことは選手にきちんと伝えました。

ホームランを打って勝つとか、ピッチャーが完封して勝つというような勝ち方は、報道などの扱い方は大きいですけれど、内部的に見れば、いちばん簡単な勝ち方なんですよね。ところが、細かい送りバントを決めたり、盗塁したりすることで、次の人がヒットを打たなくても1点入って、それで勝ったような試合で、「これが大事なんだよ」「今日は誰々のあのプレーが勝因だよ」ということを言うと、選手も「あ、そうなのか」と感じますね。すると今までと同じことをやっていても、受け取り方が変わってくるんです。

池上　それはつまり、ほめることであると同時に、試合の組み立てのなかで、こういう意味があるんだよという、自分の役割がわかるわけなんですね。

王　人のためになることが自分のためにもなり、チームのためにもなる。だから今のホークスは、４番バッターでも、ノーアウト・ランナー・セカンドで、無理矢理変な打ち方をしてでも右方向に打球を打って、最低限ランナーをサードに進めるバッティングをしますからね。いちいち監督が言わなくても、そういうチームになっています。一度身についてしまえば、しめたものなんですけれども、そこへいくまでがね。

池上　たいへんですよね。

王　ええ。でも、だんだんわかってくると、同じバントをするのでも、大切さがわかるから、丁寧にするようになり、成功率も上がるんです。

池上　やれと言われて、渋々犠牲バントするのと、「これをやれば、勝てるんだ」と思ってバントするのでは、やはり違いますか。

王　球際の丁寧さが全然違ってきますよ。

池上　そこまでもっていくのが、日々監督さんがたいへんなところなんですね。

王　そうですね。

教え子の成長が見られることは本当に楽しいしうれしいものです

池上　ホークスの選手たちに、そうやって気づきを与えるときに、選手側からすれば、「そりゃ世界の王さんならできるだろうけれど、俺たちには無理だよ」という反応もあったのではないですか。

王　直接そういう風に言われたことはないです。私は決して「俺と同じようにホームランを打て」と言っているわけではないですからね。

池上　ああ、はい。

王　「ホームランを打て」ではなくて、「自分ができることで、今よりもうちょっとできるようになろうよ」ということを言っているわけです。たとえば、打率が2割5分の人が2割7

分、8分打てるようになろうとね。

「もっと高い所へチャレンジしよう」と言わなければ、毎日の苦しい練習を乗り越えさせることはできません。だから、批判的なこともいわれたりするけれども、監督とかコーチという立場にある者は覚悟してやらないと。優しい監督だとかいい先生だといわれるだけで終わってしまっては、あとで「あの人は何も教えてくれなかった」ということにもなりかねないと思うんです。

池上　ええ。

王　だから私は、「選手に嫌がられるコーチになれ」と言っていました。そのときはわからないかもしれないけれど、選手がいつか、「誰々コーチに指導を受けた、あれが私の野球です」と、どこかで言ってくれればそれでいいじゃないかと、そういう話はしましたね。

池上　なるほど。

王　監督やコーチは、勝つため、チームを強くするために

なるほど！池上彰がもらったヒント

「優しい監督」「いい先生」で終わってはダメ

選手を育てることを考えます。3年後、5年後を見据えながら、選手を育てます。大学出の選手だったら、2年か3年、高校出の選手だと5年くらいかかりますが、毎日毎日そばで見ていますから、成長の度合いは手に取るようにわかります。そういう変化を見るのは楽しみですね。

池上　学校の先生と同じですね。教え子の成長を見ていて楽しくなるというのは。

王　そうですね。たとえば、ホークスに松田宣浩選手という入団して6年目の三塁手がいて、今年はホームラン王争いの上位にいるんですけれども、この選手が自分でバットの長さを調節するようになったんですよ。

池上　バットの長さを調節するというのは、グリップのどこを持つかということですね。

王　そうです。それを相手のピッチャーによって変えているわけです。

池上　ピッチャーごとに変えているんですか。

王　ええ。一打席のなかでも、ツーストライクとられたらもっと短くするとか、いい結果を出すためにはどうすればよいかを自分で考えて、実行できるようになったわけです。

以前、私がいろいろと言っていたときには、すぐには身につかなかったのに、やっているうちにわかってくるんですね。

池上　「あのときのアドバイスはこういうことだったんだ」と。

王　そうです。我々が言っていたことが、そのときは理解できなかったけれども、何年かしたらわかるようになる。そういう変化や成長が見えたときには本当にうれしいものですよ。

関心をもって見ていることを伝えれば選手はもっと「その気」になります

池上　王さんは、選手のグリップの位置の変化のようなものにも、いつも気づくのですか。

王　気づきますね。まあ、それが仕事ですから。

池上　いや、もちろんそうなのでしょうが（笑）。監督ってものすごくいろいろなところを

見ていないといけないいんですねえ。

王　見ていますよ。もうとにかく見てないと。選手は監督が見ていないと不満なんですよ。

池上　ははあ、たしかに。

王　フリーバッティングでカーンといい打球がいったら、選手は必ず監督の顔を見ますよ。

池上　「どうだ、監督！」って。そのときに監督と視線が合わないとがっかりしますね。

王　そうそう。「見ててくれたか？」ってね。だから生徒もそういうところがあると思いますよ。

池上　生徒はまさにそうですよね。

王　関心をもって、「見ているよ」ということを示してあげれば、生徒も「じゃあ、もっとやろう」という気になるでしょうね。

池上　なるほど。もうひとつたいへん素朴な質問をしたいのですが、試合を見ていると、いろいろな監督がいらっし

なるほど！池上彰がもらったヒント

選手は監督が見ていないと不満

ゃいますね。ひたすら腕を組んでいる方、落ち着きなく歩き回っている方、じーっと立っている方。あのときは何を考えていらっしゃるんですか。

王　私はもう、檻の中のクマのようなもので、ウロウロしていましたけれどね。私は気持ちが表に出てしまう方でしたね。だからじっとしている人は、すごいなあと思いますよ。

池上　本当に微動だにせず、という方もいらっしゃいますよねえ。

王　本当にあれは体によくないなあと思いますよ（笑）。私はもう、舌打ちしたり蹴っ飛ばしたりとかいろいろやりましたが、案外切り替えは早かったので、感情を出すことで、次の場面に切り替えることができたのだと思います。私のそういう姿を、選手たちは見ていないようで、ちゃんと見ているんですよ。

池上　よく言いますよね。監督が闘志むき出しで悔しがったり、なんとしても勝つんだという気迫があったりすると、選手も発奮すると。

王　表さないと伝わらないんですよ。じっとしているだけでも、「監督は我慢しているんだろうな」とはわかりますが、伝わり方としては、はっきり伝えた方がわかりやすいと思うんです。

池上　そうですね。

王　「先生は怒っているんだ」とか、「それはダメなんだ」とはっきり言った方がいいですね。

子どもは大人の様子を見て、まだ怒られないぞと思うと、小出しにしながらエスカレートしていきますから。

池上　あります、あります。

王　そのときにバチンと机のひとつも叩けば、これ以上はダメなんだとはっきり伝わります。

日の丸を背負うことへの意識は若い世代でも変わりません

池上　さあ、そしていよいよワールド・ベースボール・クラシック（WBC）になるのですが、それまではジャイアンツなりホークスなり、ひとつのチームですよね。今度はいろいろなチームから、個性のある選手が集まってきます。どうやってまとめたのでしょうか。

王　まとめるという気はあまりなかったですね。要するにもう短期間ですから。それに、各チームの代表格の選手、日本の最高の選手たちです。この選手たちがのびのびとプレーできればそれで十分だと思いましたから、私はあえて「キャプテンは誰々」というのは決めませんでした。

池上　なるほど。

王　そうしたらイチロー選手が、初日の練習のときから、身をもってリーダーとしての意識を示してくれました。他の選手もアメリカであれだけ大活躍している選手がこんなに練習を真剣にやるというので、みんな引っぱられて、練習初日のウォーミングアップのランニング練習で、自然にリーダーは決まりましたね。

池上　あのときは私、ちょっと意外な気がしたんです。イチロー選手のイメージだと、一匹狼の努力家で、他の選手を引っぱっていくという、浪花節的なところはない人だと思い込んでいたので。

王　ええ、私もそれまではそういう風に思っていたんですが、彼はその前の年にＷＢＣが始まると決まったときに、選手のなかでいちばん最初に私に電話をくれたんですよ。

池上　ほう！

王　そのときから、私のなかの彼の印象は変わりました。現実に、彼はずっとリーダーシップをとってやってくれました。日本でやっている選手たちは、やはり不安もあるわけです。でも、大リーグで向こうの選手よりも立派な成績を出している選手が、「体は大きいけれど、たいしたことないよ」と言って、選手たちの不安感というか気持ちを和らげてくれたんです。

池上　なるほど。

王　それといちばん大きいのは、やはり日の丸です。「今どきの若い人」って言葉があるじゃないですか。今の若い選手には、あまりそういう意識はないのかなあと思ったんですけれども、やっぱり日の丸をつけたら全然違いましたねえ。

池上　ああ。

王　本当に選手たちを見直しましたし、日の丸の力を再認識しました。

池上　なるほどねえ。日本の代表だから日の丸ですが、学校でも、それぞれの学校の何かがあるといいですねえ。

王　そうですねえ。日の丸ほど強いものはなかなか難しいですけれども、われわれだったら、チームのそれぞれのユニフォームになるんでしょうね。自分の所属するチームや学校のもとで団結する気持ちがもてる何かがあるといいですね。

どんなに時代が変わっても守るべき大切なものがあります

池上　こうやってずっと野球とともに人生を歩んでこられて、野球を通じての子育てとか、スポーツ少年のいろいろな取り組みもされていらっしゃいますよね。そこで今いちばん大事にしていらっしゃることは何ですか。

王　そうですねえ。私はやはり、「関心をもっているよ」ということを子どもたちに伝えることですね。

それから、最初はある程度仕向けて、方向を示してやることが必要だと思います。大人が子どもと対する場合は、絶対に対等ではありません。最初は大人がリーダーシップをとらなければいけないと思います。

ときにはスパルタでもいいと思うんです。「気づかせる」ことが大切ですから、子どもが嫌がるのを「とにかくやってみろ」と。それでやってみて、「できたじゃないか！」「案外おもしろいだろう？」という体験をさせることは、自主性に任せたらできないところがあるんですよね。

本人がやりたがらないことでも、上達するうえで、成長するうえで大切なことだったら、無理矢理やらせる部分というのもあっていいと思います。気づけば、あとは自分でやれるようになります。

池上　子どもが気づける方向に仕向けるんですね。

王　こうした方が自分のためだし、みんなのためだということを、根気よく伝えていかなければいけないと思います。

なるほど！池上彰がもらったヒント

最初はある程度仕向けて方向を示してやる

学校の先生だけではなく、親もそうですよね。子どもをどうするかというのは、大人の責任だと僕は思うんですよ。

池上　スパルタ的になっても、子どもがその先生を信頼していれば、ついてきますよね。ただ厳しいことばかり言っているというだけでは反発しますが。

王　ええ。これはやはり、この人は自分に注目してくれている、常に見ていてくれると、子どもが思えるかどうかですよね。相互信頼からスタートすることが大切ですね。

そして、子どもが先生を信頼するためには、親は子どもの前で先生のことを悪く言ってはいけませんね。子どもが先生を信頼できなくなってしまったらかわいそうです。

池上　そうですね。

王　昔は先生に対して「お世話になっています」「いつもありがとうございます」という感謝の気持ちがあったじゃないですか。今は残念ながらそういう人は少ないでしょうね。

池上　そこが大事ですよね。

王　私は、先生とか警察官とか、みんなのためにがんばってくれている人に対して敬意を表する、感謝の気持ちをもつことから直していかないといけないと思います。時代が変わっても大切なことというのは変わりませんから。

野球はね、野球そのものの距離とかストライクゾーンの広さとか、根本にある形は最初から変わってないんですよ。

池上　あ、たしかに。

王　ピッチャーマウンドからホームベースまでの18メートル44という長さと、27メートル43というベース間距離と、それからホームベースの幅が43センチというのも決まっているんですね。そのなかで、選手たちは技術を磨き、勝負をしてきました。

どの世界にも、常に変わらないもの、守っていかなくてはいけないもの、通していかなければいけない筋というものがあると思うんです。

池上　学校が、子どもたちをきちんと教育して卒業させるという大原則は変わりませんね。

王　これはもう絶対大事なことですものね。今の先生は、あれこれ親の目もあって難しいでしょうが、何かやらせて、感じさせてみるという、それが教師としての務めなんだということを、堂々と言えるような環境が必要ですよね。

学校の先生がひとりでがんばったってダメですからね。最近問題になっている「モンスターペアレント」に対しても、「理不尽な要求には負けません」というスクラムを、先生方が組むことからスタートしないと。

先生方が生徒を教育するためには、しっかり防波堤を作らないと難しいと思うんです。何か問題が出てくると、先生は何をしているのかと言われますが、逆に先生がよい教育に取り組める体制を、社会が作っていくべきです。それをしないと、教育というのは難しいと思いますね。

先生という職業は、使命感をもち体を張って臨むべきものだと思います

池上　最後に、これを読んでいる学校の先生たちにメッセージをぜひ。

王　とにかく先生たちには、バリバリやってほしいんです。なかには、今の風潮でやる気をなくしてしまった人とか、生活のために先生をやっていると考えている人もいるかもしれま

せん。でもやはり先生というのは、日本の将来を担う子どもたちを指導していくわけですから、ある程度体を張って、使命感をもってがんばってほしい。しんどいのはわかっているのですが、先生をやっている以上はね、そのくらいの気持ちをもってやらないと。もしそうでなかったら辞めるくらいの気持ち、勝手なことを言いますが、そのくらいの覚悟で臨むべき職業だと思います。

だからその代わり、先生のやることをバックアップする体制を作っていかなくてはいけないと思います。子どものお尻をちょっと叩いたくらいのことは許容範囲だと受け止められる社会の意識も必要でしょう。何かしたらすぐに「暴力」と問題になってしまうのでは、先生は何もできなくなってしまいます。

本当に大事なときに、将来その子どもがきちんと世の中で生きていけるために、親も先生も周囲の大人も、みんなで協力して子どもにぶつかっていく意識をもうちょっともてば、今やれていないことができるようになるんじゃないかと思います。

池上　そのためには、現場の先生を理解して、いざとなったら守ってくれて、一緒に戦ってくれる校長なり副校長なりの存在も必要ですね。

王　そうです。教育委員会もね、何か言われたらすぐ引っ込まないで、「教育はこうなんだ」「私たちに任せておいてくれ」と言えるくらいの体制を作らないと。バックアップがなければば先生たちだって、体を張れませんよね。

池上　プロ野球で言えば、監督は選手のことを常に見て、アドバイスや叱咤激励をし、選手の気づきを待つ。球団のトップは現場を信じて、監督が目指す野球を実現するために自由に動ける体制を作る。それではじめてチームも強くなる。

王　やっぱり組織ですから、それぞれの役割、立場があるなかで、「どこを向いているのか」「何を目指していくのか」ということです。

池上　子どものために大人がどれだけ協力して役割を果たしあえるか、ということですね。今日はどうもありがとうございました。

（この対談は２０１１年６月に行われました。）

なるほど！池上彰がもらったヒント

共通の目標をもって それぞれの役割を果たす

「思い」が集まれば世の中を変える力になる
未来は子どもたちが作り出す

作家・僧侶　瀬戸内　寂聴　氏

奔放な恋の物語を紡ぐ作家、瀬戸内晴美から、突然の出家後も、精力的な執筆活動とともに、尼僧としての宗教活動も熱心に続けられている瀬戸内寂聴さん。自らが住職を務める天台寺で週末ごとに行われる青空説法には全国から多くの人たちが訪れ、わかりやすく温かいお話に癒され、心を洗われてきました。

「第二のふるさと」東北地方の大震災で被災された方々に心を寄せる寂聴さんに、この震災をどう受けとめ、これからの日本を担う子どもたちとともに、どんな未来を思い描いて歩んでいけばよいのかをお聞きしました。

●瀬戸内　寂聴（せとうちじゃくちょう）

1922年、徳島県生まれ。東京女子大学卒業。50年に作家活動を開始。73年岩手県平泉町の中尊寺にて得度。その後京都・嵯峨野に「寂庵」を開く。87年岩手県浄法寺町（現・二戸市）の天台寺住職に就任、現在は名誉住職。

著書に『夏の終わり』『場所』など多数。98年、『源氏物語』の現代語訳完成。2006年、文化勲章受章。

どん底の状態は続きません。今を生きていけば、必ず変わっていきます

池上　日本は今、大変な災害を経験し、苦しんでいます。こういう状況のなかで、とくに最近、「無常」という言葉が思いおこされます。『方丈記』の時代から、私たちは災害に苦しめられてきました。『源氏物語』にも出てきますね。

寂聴　ええ。『源氏物語』では嵐の一夜を、源氏がひどい状況から立ち直るきっかけとして描いています。

池上　考えてみると、日本というのはさまざまな災害が昔からあって、でもそのなかで、それを糧として成長してきたということですよね。

寂聴　まあ忘れっぽいんでしょうね（笑）。だけど忘れるというのは、神仏からいただいたひとつの恩寵《おんちょう》だと思います。何でもかんでも、ずーっと覚えていたら生きていられませんね。

池上　その通りです。

寂聴　悲しいこと、苦しいことを忘れられるから生きていける。でも同時に私たちは、絶対忘れてはならないことも忘れていくんですね。戦争のことも、私たちひと握りの年寄りが死

んだら、みんな忘れていきますよね。忘れてはならないことも忘れるのは、「劫罰《ごうばつ》」です。忘却というのは、恩寵と劫罰が背中合わせなのだと思います。

物事というのは全部そうですね。原発だってそれで得もしてきましたが、恐ろしい裏側はやっぱり劫罰でしょう。だからそれをどの割合で人間が上手く使っていくかということが文明だと思うんです。しかし今のところそれが遅れていますね。

池上　「常ならぬ」と書いて、寂聴さんはこれを、いわゆる無常観ではなく、常に変わっていくという無常だと書いてらっしゃいますね。

寂聴　いろいろ考えた末に、そう決めたんです。そのほうが生きていかれるから。もちろん、人は生きた瞬間から死に向かっています。死ぬために生きているわけです。

池上　その通りですね。

寂聴　それなら早く死んだほうが、苦労しなくてすみますよね。でも私たちは何かによって生かされているのです。この親のところで生きろ。この故郷に生きろと。それを選ぶことはできません。生まれてくるというのは非常に神秘的なことで、今は体外受精のような医療もさかんになっていますが、それでもやはり、命はいただくものという気がするんですね。だから死ぬまで生きなければならない。

お釈迦さまは、東西南北４つの門から出て行って、老・病・死に逢い最後に出家者を見て、悩み、瞑想の末に世の中のはかなさ、救いを悟りました。お釈迦さまは、この世は苦だとおっしゃっています。そんなに苦しいなら死んでしまえばいいのかもしれないけれど、人間は生まれた時、「定命」を与えられていて、命が尽きるまで生きなければならないのです。もし私が昨年死んでいたら、今回のような恐ろしいことを見なくてすんだのですが、定命が尽きないからまだ生きているのでしょう。

自殺がいけないのはそこなんです。定命を与えられているのに自分で命を消すからいけないのですね。与えられた定命は最後まで生ききらなければならないのです。

そのなかでどうやってその苦しみを耐えるかというと、仏教では「生生流転」、すべての

ものは移り変わるという思想があります。無常というのは、はかなさや悲しみや死と結びつきやすいのですが、じっと字を見れば、「常ならず」ですからね。生生流転ということなんです。変わるということは、今非常に悪くても必ず変わるんですよね。逆に、今非常によくてもそれも必ずいつか変わる。みんな移り変わっていくのです。愛だって変わるじゃないですか。「もう絶対あなたと別れないわ」なんて言っておいて2年たったらもう別れている人もいる（笑）。だから、今のこの状態は絶対に何年も続かない。何とか今を耐え忍んでいけば、必ず最悪の状態は変わっていきますよ。

今はどん底の状態かもしれないけれど、どん底の下はありません。どん底にものを落としたら跳ね返ります。だからこれからの運命は上がるしかない。「そう思いましょう」としか言いようがないですね。

池上　本当に、その通りですね。

なるほど！ 池上彰がもらったヒント

「無常」とは常に変わってゆくこと。悪いことも必ず変わる

思い続けることが力になる。人のために祈る「念」はきっと通じます

寂聴　私はこれまで何か災害があると、2〜3日後には現場に行っていました。日本の被災地はすべて行きましたね。私は尼の姿をしているから、みなさんが安心するんです。それに私の顔ってお多福で嬉しそうな顔でしょ（笑）。「大変ね。つらいわね」と言って手を握るだけで喜んでくれるんです。私はお経も下手だし、書く以外なんにもできないけれど、マッサージがうまいんですよ。女学校で卒業のときに習って。だから、「按摩させて」と言って、クタクタになるまで按摩し続けるんです。そうすると、少なくとも別れるときはどなたも笑顔になってくれます。

だけど今回の震災は、私のほうが半年前に腰を痛めて足腰が立たない状態のときに起きたので…。それでまず思ったことが、「もし私があの地域にいたらどうなっていたんだろう」ということでした。足腰が立たない人はいっぱいいるじゃありませんか。今回の津波で、そういう人たちは、逃げ遅れて流されて亡くなっているんですよ。それを思ったら、私は今まで病気の人に、さもわかったような顔をして、「大変ですね」なんて言っていたけれど、とんでもないと思い知りました。人間の想像力なんて、たかが知れていますね。自分が味わわな

いと、自分が経験しないと本当にはわからない。兼好法師は、「病なく身強き人は友にもつな」って言っているくらいですから。

池上　ああ、そうでしたね。

寂聴　だから、体の弱い人、貧しい人のほうが優しいし、思いやりがある。私は小説家だから、人一倍想像力はあるつもりでいました。だけどそんなものは、なんの役にも立たなかったですよ。本当の想像力というのはやっぱり経験した思いやりです。

池上　小説家のお立場で何ができるか、ということですね。

寂聴　そうなんです。でも何もできないのが苦しいですね。

これまで私が被災地に駆けつけたのは、出家者の義務を果たすためです。小説家としてだけだったら行っていないと思います。いかにも好奇心で見に行ったと思われますから。出家者はこういうときこそ出番で、じっとしていてはいけないと思うのですが、今回の震災では、その体が動か

なるほど！池上彰がもらったヒント

本当の想像力は経験から来る思いやり

せませんでした。
東北地方は、私の第二のふるさとです。得度が中尊寺（岩手県平泉町）ですし、二十余年前に天台寺（岩手県二戸市）に住職として入ってからは毎月法話に訪れていました。寡黙でかたくななところもあるけれど、心はとても温かい東北の人たち。昔から辛抱に慣れていて、弱音を吐かずにじっと耐える強さをもつ人たち。そんな人たちの顔が浮かんできて、いったい、こんなときに私は何をしたらいいのだろうと思い悩みました。
そうしたら、まったく同じことを大勢の方から相談されたんです。「私は何をしたらいいのでしょう」と。

池上　今、日本中の人がそう感じていると思います。

寂聴　「私自身が、何をしたらいいかと思って悩んでいます。いっしょに悩みましょう」と言うしかなかったですね。でも「何をしたらいいんだろう」と思う心が、「念」になります。念は自分ひとりでは小さいものですよ。でも、みんなが力を合わせて大きなものになれば、小さな念が集まって大きな念になれば、それで何かが動くんですよね。
それに、人のために祈るということです。人間は欲張りだから、つい自分のことばかり考えてしまいます。うちの寺は写経をしていますが、その最後の為書きを見ると、自分や身内の幸せのことばかりが並びます。

池上　なるほど。

寂聴　でも、そうではなくて、誰かのために祈る。そういう祈りが届くのです。今日、眠る家がない人がいる。温かい食事ができない人がいる。そういう人のことを思って祈る「念」が集まれば力になります。私は何度も経験があるんですよ。友達が死にそうな病気になるでしょ、私はひとりだからいつでも私が身代わりになります、あの人には子どももあるし、年寄りも抱えているし、私が死ねばいいんだからお願いします、なんて書くでしょ。そうするとその友達が治る。私は死なないで（笑）。

池上　ほう！

寂聴　本当にね、何度かそういう経験がある。相手には言いませんけれど、ああよかったと思います。人のために祈る純粋な祈りは効くことがあるんです。

なるほど！ 池上彰がもらったヒント

誰かのために祈る、そういう祈りは届く

代わりに苦しんでくれる人のために、一生懸命考えなければなりません

寂聴　何よりつらいのは、善良に生きてきた人たちが、なんでこんな目にあわなければならないのかということです。この世は矛盾だらけ。因果応報、悪いことをすれば必ず報いがくるなんて嘘ですよ。いい人がひどい目にあって、悪い人がぬくぬくと生きていることだって山ほどあります。その矛盾相克があるから哲学が生まれ、宗教が生まれるのです。

それと、日本人はなんだかんだ言いながら、妙にお上を信じていますよね。そこがおかしいと思うの。

池上　今回、海外のメディアがみんなそこを指摘していますよね。なんで日本人は……。

寂聴　おとなしいのか、と。

池上　なぜ、みんなお上の言うことを聞いているんだって。

寂聴　そういうところが戦争前と同じですね。あれだけのことがあったのに。

それと東北の人について、私は思うところがあるんです。いったん心を許したら、情が深い。裏切らないです。

池上　そうですよね。

寂聴　ひじょうに生真面目ですし、つらい思いをずっとしているから辛抱強い、東北の人は本当に辛抱強いですからね。じっと我慢するんですよ。我慢するのも忍辱《にんにく》って言って、仏教ではひとつの行なんです。

池上　にんにく……。

寂聴　ガーリックじゃないのよ（笑）。東北の人は忍辱が強いんですね。でも、やっぱりこういうときは声をあげてほしいですね。自分たちだけで辛抱しないで、正当なことを声をあげて、もっと求めてほしいですね。黙って耐えることだけがただひとつの生き方ではないと思う。もっと言葉を出したほうがいいと思います。でも、向こうの人は言葉を出さないんで

す。それをいいことにしてるでしょ、「お上」はね。それで腹がたつ。

池上　そうですね。

寂聴　キリスト教には「代受苦」という言葉があります。人の苦しみを代わって自分が受ける。仏教にも同じような考え方があります。優れた人、選ばれた人が苦しみを引き受けてくれ、自分の代わりに苦しんでくれている。そう考えれば、被災地の方たちの苦しみも人ごとではなくなりますね。

今、私たちは一生懸命考えなければいけない。自分には何ができるだろう。今のこの状態は、どうしたらいいんだろうって。いっしょに悲しみましょう、いっしょに苦しみましょうとしか言えません。

今は、とことん津波にやられてしまった町を何とかしなければいけないということに加えて、原発の問題もあります。原発は本当に恐怖です。日本人は基本的にとてもおとなしくて、「お上」の言うことを信じますが、それだけでいいんでしょうか。戦争だって、日本国民全員が「戦争はいやだ」と声をあげたら、きっと防げたと思うんです。だから原発だって、「こんな危険なものはいやだ」とみんなが手を組めば、変わらざるをえなくなります。

そうしたら必ず、代わりのエネルギーはどうするんだって言うでしょ。まだあるじゃないですか。太陽から取る太陽光発電とか、風車回して風力発電もできるじゃないですか。そういう自然エネルギー開発にもっとお金をかけて、たくさんできるようにしてもらったらいいですね。
もちろん、不自由はしますよ。でも日本人はこれまで、不自由をしなさ過ぎました。もっと不自由をして、不自由のなかで知恵を使うことが生きることだ、ということを思い出すべきだと思います。

つらい経験を未来への力に変えていく。子どもにはその才能があります

池上　この「階《きざはし》」は、全国の学校の先生に読んでいただいていますが、先生方も今、子どもたちにこの大震災をどう伝えたらいいんだろうかと悩んでらっしゃると思います。あれだけ津波の映像がテレビで繰り返し流れて、子どもも大人も、日本全国がＰＴＳＤのような状況になっているなかで、学校の先生として子どもたちに何を伝えればいいのでしょうか。

なるほど! 池上彰がもらったヒント

不自由のなかで
知恵を使うことが生きること

寂聴　そうですね。以前読ませていただいた「階」で俵万智さんが、「先生には自信をもってほしい、誇りをもってほしい」というメッセージを送られていましたが、私もそう思います。こんなときこそ先生は「自分は子どもよりずっと大きくて偉いんだ」と思って、自信をもって、「怖くないよ。先生がいるよ」と抱きしめてあげてほしいですね。お父さんが亡くなっている子、お母さんが亡くなっている子もたくさんいますから。「でも、先生はここにいるからね」と言ってあげてほしいですね。

池上　直接被災していない子どもたちも、今回とても動揺したり、心配したりしています。そんな子どもたちに対しては、先生はどう対処したらいいでしょう。

寂聴　「みなさんが助かったのは、まったくの偶然で、いつみなさんの命を奪われるかはわからないのよ」くらいのことは、怖くても言ったほうがいいですね。世の中のはかなさを知らせておいたほうがいい。子どもはショックで、「自分はどうしたらいいか」と思うでしょう。そこで、「こういうことが起こらないようにするにはどうすればいいか。将来それを考えられる人になるために、勉強しましょうね」と言ってほしいですね。

池上　ああ、それですよね。たとえば地震について勉強して地震の予知をしようという人もいれば、地震でびくともしない建物や線路をつくろうという人もいるでしょう。原子力発電所でこんなことが起きないようにするために、科学の安全性のことを勉強する人もいれば、傷ついた人を助ける医療や看護の勉強をしようと思う人も出てくるでしょう。あるいは心理学者になる。社会のことを考える社会学者になる。みんないろいろなところで、社会の力になりうるということですね。

寂聴　ええ。子どもはその芽を、才能をもっているんですから。

池上　自分はどこかで世の中の役に立てるかもしれないと思えるわけですね。

寂聴　今、若い人たちがたくさんボランティアとして被災地で働いていますよね。そういうことが、とても大切だと思います。今、何が起きているかをきちんと自分の目で見て、感じることです。未来を背負うのは若者であり、子どもです。今回の震災の経験は耐え難いほどつらいものだけれど、それを未来に役立つ経験に変えていってほしいのです。

池上　それにしてもですね。ずいぶん前に戻りますけれど、

なるほど！池上彰がもらったヒント

不幸な経験を
未来に役立つ経験に変えたい

1973年でしたっけ、なぜ瀬戸内晴美から仏門に入られたのですか。

寂聴　四十年前、昭和48年です。

池上　はい、ちょうど私が社会人になった年でした。とっても衝撃的で覚えているのですが。

寂聴　三島由紀夫の次に衝撃的だった、といわれました。

池上　三島由紀夫はたしかあの3年前でしたね。

寂聴　三島さんもそうだったと思うんですが、なんとなく漠然とした不安があったんですよ。私が出家したときは、週刊朝日の表紙が社会を風刺する漫画でして、トイレットペーパーの漫画ができあがっていたんです。

池上　ちょうどオイルショックでした。買いだめですね。

寂聴　そのトイレットペーパーの漫画を急遽、替えて、私の出家の写真が出たんです。それを朝日の人から聞きました。それで私、トイレへ入るたびに厳粛な気持ちに。

池上　そうでしたか（笑）。

寂聴　オイルショックから、世の中変わりましたよね。

池上　変わりました。

寂聴　世の中が変わるときに、やっぱり芸術家というのはなにか感じるんですよ、こう肌に。それと、私はもっと小説が書きたかった。私には、哲学もなければ宗教もなければ、なにもない、ただ勘だけで書いていました。もう51歳でしたから、これからなにかしらしっかりしたもの、バックボーンをもたないといけないないと思って、それで遠藤さんに頼みました。カソリックの洗礼受けたいと。

池上　遠藤周作さんですね。

寂聴　神父さんと聖書も読みましたけれども、どうも私はやっぱり仏教じゃないかな、とそのとき気がついたんです。

池上　ほお。

寂聴　遠藤さんにそれを言ったら、「ああ、それでいい。それでいい」となにも止めようとなさらない。神父さんもちっとも怒らないで、「あなたの好きなようにしなさい」って言ってくださって、それで仏教になったんですよ。ですから、これもひとつの仏縁というものでしょう。

池上　でしょうね。

寂聴　仏教のことはなんにも、本当になんにも知らないで飛び込んだものですから。まだキリスト教のほうが、若いころから聖書を読んだりしていましたから、知っているくらいで。うちが仏壇屋だったものですから、もうばかにしてね（笑）。

池上　ああ、そうでしたね。天台宗を選んだというのは、ご実家が天台宗だった？

寂聴　いえいえ。私は四国ですから、ほとんど天台宗はないんです。そのころ私が行けばどなたでも会ってくださったので、各宗派をたずねては、一番偉い方にお会いして「出家させてください」と。みなさん、「それはいいですね。瀬戸内晴美が出家するのはとてもいい。でもちょっと早いから、あと20年したらいらっしゃい」。

池上　そうおっしゃるんですね（笑）。

寂聴　そのとき50歳でしょ、「あなたが70歳になったら来なさい」なんて言う。そう言う相手は偉い人ですから、そのとき80歳とか90歳近くで……、10年20年たったら死んでいますでしょう。ああこれは本気じゃないなあ、と思って。そういうことで、転々として。そのうち、はっと気づいたんです、ああ、今東光先生がいたじゃない、と。

池上　ああ、そこで、今東光さんにつながるんですね。

寂聴　私は、今先生とは小説家としてお付き合いしてきました。松本清張さんと、今先生と私で各地に講演旅行をしたことがあります。これはもう人気で、すごい賑わいようでした。

そのときの旅先で、おふたりの話をずっと聞いていて、ずいぶん耳学もさせてもらいました。そして、ああ、この方たちは偉いなあと思いました。ふたりとも学歴ないんですよね。今先生は入学した先々で悪いことをするから、卒業できない。一方の清張さんは家が貧しくて、学校を出られない。学歴コンプレックスがあるからすごく勉強していて、なんでも知っている。そのふたりが話しているのを傍らで聞いていて、とても尊敬していたんですね。

そこで今先生のお宅へ初めてうかがって、「出家させてください」と言ったら、即座に、「ああ急ぐんだね」と決めてくださったんです。

今先生は、「うちは天台宗だよ。いいのかい？」その場で、「はい、もうなんでも結構です」（笑）。

池上　そういうことだったんですね。

寂聴　天台宗でよかったと思います。天台宗は清潔な宗派ですからね。お金儲けは下手ですけれど、立派なお坊さんがいらっしゃいますしね。

それがね、「なんで出家したのか」って、その後あんまりみんなに聞かれるでしょ。もうめんどうさくて。私、本当にわからないんですよ。なんで出家したか、なんでそんなこと思いつめたか、わからない。

それで、ふっとね、思ったんです。身の上相談に来る人々はね、だいたい48歳から52歳までがいちばん多いんですよ。ある時、ああ、これは更年期だって気がついた。「あなた更年期よ、じたばたしないでお医者さんに行きなさい」って言います。

私が出家したのが、51歳、まさに更年期ですよね。それで、法話の時、「私はそのとき51歳だったから、出家は更年期のヒステリーだったかもしれない」って。みんな「はあー」って、ものすごく納得していましたね。それでこのごろはそう言っているんです（笑）。

池上　そのぐらいの年でみんな考えるんじゃないですか。私も、ＮＨＫ辞めたいと思ったのが52ですから。

寂聴　そうでしょ。

池上　男の更年期だったのかな。実際、行動に移したのは54でしたけど。

寂聴　男もあります。それ更年期ですよ。なにか、すべてがいやになる。現在のことがいやになって、変わりたくなる。最初は冗談で言ったのですが、今になってみると、やっぱりあれは更年期のせいかもしれないって半分思っていますよ。だって、そんなに思いつめなくた

っていいことを、そのときは、思いつめたものね。

池上　ですよね。「そんなに思いつめなくていいじゃないですか」とおっしゃったことは、つまり悟りをひらかれたということじゃないですか（笑）。

寂聴　そうかもしれないわね。

たくさん勉強して、子どもに尊敬される先生になってください

池上　最後になりましたが、寂聴さんは、現在の教育はどのように見ていらっしゃいますか。学力問題などもいろいろといわれていますが。

寂聴　ゆとり教育には大反対でしたね。今は見直しにはなりましたが。

池上　教育現場は次々に動いていて、先生方は翻弄されています。そういう先生方へのメッセージをいただけますか。

寂聴　私は本当にいい教育をされてきたと思います。小学校もいい先生ばかりでした。文学に目覚めさせてくれたのも小学校の先生ですよ。女学校でもそうだった、女子大（東京女子大学）では学長の安井てつ先生に出会うことができました。本当に素晴らしかったです。そういうふうに、いい先生ばかりに恵まれていましたから、みんなが私のような教育を受けら

れたらいいのになと思います。

それから、今の学校を見ていて思うのは、親が先生を尊敬しなければいけないということです。親が先生の悪口を言っていたら、子どもが先生を尊敬しません。先生を尊敬できない子どもはかわいそうです。たしかに頼りなくみえる先生もいるかもしれないけれど、仮にも先生をしているんですからね。

池上　親が無責任で勝手なことを言ってはいけないと。

寂聴　そう。その先生にめぐり合ったのも運命です。勉強の教え方が自分の子どもに合わないと思ったら、自分が教えたらいいと思います。

私は、塾なんかいらないと思っていたんですが、今の子どもは塾に行かないと、友だちができないということもあるそうですね。

池上　そうなんです。友だちがみんな塾に行くものですから、子どもが塾に行きたがるんですよね、今は。

寂聴　わからない話ですよね。それに今は、塾の先生をしているほうが、学校の先生をやっているよりずっといいって言われますからね。学校の先生は、書類を作ったり会議をしたり、雑用が多くて気の毒ですよね。このままでは、先生の学力だって落ちてしまいかねないと思います。

私は、定年退職した先生をもう一度学校に呼び戻して助けてもらえばいいのにと思います。優秀な人もたくさんいますし、経験だって豊富です。その人たちに助けてもらえば、若い先生はもっと自分の勉強に時間がとれるようになります。そうしたらもっと学校はよくなりますよ。

池上　自分を高めるための勉強の時間を、先生たちに与えてあげなければいけないということですね。今日はありがとうございました。

（この対談は２０１１年４月に行われました。）

読書がもたらす成功体験
わからないところがあるくらいの読書が人を成長させる

資生堂名誉会長

福原 義春 氏

資生堂のグローバル化を推進し、第10代社長を務められた福原さん。組織のリーダーたるもの、さぞかし経営のバイブルといわれるような本を数多く読まれてきたのだろうと思いきや、「ビジネス書やノウハウ本が役に立つのは、せいぜい2、3年です」とおっしゃいます。そして、「忙しければ忙しいほど、本を読みたくなる」とも。財界屈指の読書家として知られ、活字文化にも造詣が深い福原さんは、どのような本を手にされてきたのでしょうか。読書の効用、そして子どものころからの習慣づけの大切さについてもうかがいました。

●福原　義春（ふくはらよしはる）

1931 年東京生まれ。慶應義塾大学経済学部卒業後、資生堂入社。商品開発部長や取締役外国部長などを経て、1987 年第 10 代代表取締役社長、2001 年名誉会長に。文字・活字文化推進機構会長ほか公職多数。著書に『好きなことを楽しく いやなことに学ぶ』（かまくら春秋社）、『本よむ幸せ』（求龍堂）など。

喘息、休学、戦争…。私の子ども時代にあったのは、あり余る時間と父の本だけでした

池上　福原さんは、企業のトップとしてはもちろんのこと、読書家としてもご高名でいらっしゃいます。ご著書の『だから人は本を読む』をあらためて拝読しましたが、まず、お子さんのころにずいぶん本を読んでいらっしゃったことにたいへん驚きました。

福原　まあ、私の子どもの時代の読書体験は、いわば時代がなせる業であり、どなたにも普遍的に通じるものではないでしょう。

池上　旧制中学1年生の頃、長野県に疎開されていますよね。

福原　太平洋戦争が始まりましたし、もともと私は小児喘息を患っていまして、学校を休みがちでした。かかりつけの小児科医が、「とうぶん休学を要する」という診断を下しましてね。転地療養を兼ね、一家で疎開したんです。この時、元文学青年でもあった父は、引っ越し荷物に大切な蔵書を入れていました。

疎開先での私は、休学の身ですから外をぶらぶらするわけにいかず、かといって家にいても、ひとりっ子だから遊び相手がいない。時間を持て余してしまい、やむをえず、父の蔵書に手を出したんです。喘息、休学、戦争…。私の子ども時代にあったのは、あり余る時間と

父の本だけでした。

池上　子どもが読むにしては難しい本ばかりだったのは、お父様の蔵書だったからなんですね。

福原　そうです。今思えば、森鷗外訳の『即興詩人』（アンデルセン）とか、あんな難しい本をよく読んだなと思いますよ（笑）。

でも、難しい本であっても、何度か読んでいるうちに、少しずつわかるようになるんです。読書百遍と申しますでしょう。三遍目くらいから、何となくわかってくる。

池上　今のようにテレビや雑誌、ましてやインターネットなどない時代ですから、ほかに楽しみがない。難しい本や一度読んだ本であっても、何遍も読まざるをえなかった……。

福原　ええ、そのころの子どもの読み物といえば、本のほかには小学生新聞ですか。うちでも疎開するまで、東日小学生新聞をとっていました。

池上　東日とは東京日日新聞の略で、毎日新聞の前身ですね。私も現在、毎日小学生新聞でニュース解説を連載しています。

福原　当時もニュース解説が載っていまして、真珠湾攻撃の記事なども小学生新聞で読みました。

そして、もうひとつ、私の読書体験の特殊性をあげれば、叔父の福原信三（資生堂初代社長）が緑内障を患い、ほとんど視力を失ってしまった件があります。この叔父も本が好きで、疎開先にたくさん持ってきていました。さらに次々と新しい本を買い求めては、私と秘書の安成三郎さんに読ませたわけです。

池上　音読してさしあげたんですね。難しい漢字も出てきましたでしょう。

福原　出てきました。けれど、不思議なことに、なんとなく読めるようになるんですよ。

池上　身をもって読書百遍を経験された（笑）。

福原　そのとおり。子どもには難しい本ばかりでしたが、なかには大変面白い本もあって、スウェーデンの探検家スウェン・ヘディンの『さまよえる湖』にはとくに感動しました。中

央アジアの地図を広げるとロプノールという大きな湖があるのですが、ヘディンが実際におとずれると、そこに湖はない。

池上　冒険談でありながら、「いったいその湖は、どこにあるのか？」というミステリー風でもある。

福原　最終的にヘディンは、その湖は砂漠を移動する性質をもっていることを突き止めるのですが、これは非常に面白いノンフィクションでした。

顔を洗う、歯を磨く、そういう生活習慣といっしょだと思えば読書も習慣になります

池上　やはり、10代で難しい本を音読されたことが、血肉になっていらっしゃるんでしょう。

福原　そういうところがあるかもしれませんね。東北大学の川島隆太先生も、しきりに音読を勧めていらっしゃいますし。

それに、もともと日本人の読書スタイルは、音読だったそうですね。江戸時代においては、読書といえば音読が普通で、明治以降、西洋から黙読というスタイルが入ってきて今に至るとか。

池上　文章を書いて推敲する際、声に出して読むと、「ここ、リズムがおかしいな」「わかり

にくい文章になっているな」と気づいたりします。

福原 そうでしょう。黙読だと、見過ごしてしまう場合がある。

池上 こうしてみると、やはり10代のうちに読書習慣を定着させ、ときには音読することが、後のためになりますね。

福原 それもありますが、ふり返ってみると、もっと幼いころ、母がフレーベル館の幼児雑誌『キンダーブック』をよく読んでくれたことも、功を奏しているのではないかと思います。

このことはお父さんお母さん方に伝えたいのですが、最近の脳科学では、生後5日目の赤ちゃんでも、お母さんの読み聞かせに反応することがわかってきたとか。赤ちゃんだからわからないだろうと思わずに、ぜひ読んであげていただきたい。

池上 もう少し大きくなると、子どもは「読んで、読んで」と、同じ本を何回も持ってきますね。

福原 そうなんです。実は、私は、「同じ本を何度も読み聞かせする必要はないんじゃないか」と、思っていたんです。その点について、絵本を出版しているこぐま社の会長さんにお目にかかる機会があったのでうかがったところ、「子どもは同じ本を何十回でも聞きたがるものなんですよ」と。

池上 何十回でも読んでもらうことで、読書が習慣になる。まあ、今のお母さん方は忙しくて、読んでやる時間がないようですが。

福原　そういう声もよく聞きます。でも、私はかながわ国際交流財団の理事長をしていますが、職員のひとりに、3人の子を育てているお母さんがいらして、その方に聞いたら、「どんなに忙しくても、夜の5分くらいは読み聞かせをしている」と。やろうと思えばできるんですよ。

池上　「上手に読もう」とか「たくさん読もう」とか、肩に力が入ると続きませんよね。お母さんが忙しければ、お父さんが読めばいいのだし。

福原　ええ、私もようやくそこに気づいて、もっと早く知っていれば読んでやったのにと思います。ですから、学校の先生方も、保護者の方や生徒さんに、子どものころからの習慣づけがいかに大事か、伝えていただきたいですね。

池上　私が子どものころに父親から買ってきてもらった『おさるのジョージ』という絵本があって、あれを何度も何度も読み続けたんですね。先日テレビのロケでデンマー

なるほど！　池上彰がもらったヒント

子どもは何十回も読んでもらうことで読書が習慣になる

クに行きまして、デンマークの人たちは物を大事に使うんだよ、親の物をみんな子どもにやるんだよ、という取材をしていたわけですが、ある家に行って、子ども部屋に行ったら、『おさるのジョージ』のデンマーク語版があったんですよ。そこのお母さんと思わず話し込んでしまいました。

福原　へえー。

池上　嬉しかったですね。

福原　それもいい話ですね。

池上　「ああ、これ私が子どものころ、何度も何度も読んだ本です」って言ったら、向こうのお母さんがやっぱり「私も子どものころ、何度も何度も読んで、とっても好きだから子どもに与えたのよ」と、そういう話なんですよ。

福原　はあー。なるほどねえ。

池上　思わぬところで話がはずみました。

福原　絵本というのは長生きで、今読まれている絵本のいくつかは100年くらい命があるんですね。

池上　そうですよね。『ちいさいおうち』なんていう古典的な絵本も長寿ですね。

福原　そうですか。今売れている絵本のいくつかを見ると百何十版てなってますよね。

池上　あ、ありますね。ああいうの見ると。日本も捨てたもんじゃない。まだまだ大丈夫だなと思うんですけどね。

福原　あの絵本についてはまさにそうですね。

今、学校で盛んにおこなわれている朝の読書運動も習慣づけに役立つ取り組みです。さらに学力の向上や授業に集中できるようになったなど、効果は大きいと聞いています。

池上　そして読書がいったん習慣になると、中学生、高校生になっても本を読む。でも、さすがに社会に出てからはお忙しくて、ページを繰る時間など、そうそうありませんでしたでしょう？

福原　それが、忙しければ忙しいほど読みたくなる（笑）。ランニングを習慣にしている人は、「毎日走らないと物足りない。どんなに忙しくても朝早く起きてひと走りする」というでしょう。私の読書も同じです。

池上　本を読んだほうがいいとは思うけれど、なかなか……という人が習慣にするには、どうすればいいでしょう？

福原　顔を洗う、歯を磨く、そういう生活習慣といっしょだと思えばいいんです。歯磨きしないで家を出ると、何となく気持ちが悪いでしょう。読書も同じで、習慣だと思えば、忙しくてもくたびれていても、寝る前の5分や10分は読める。まあ、面白い本だと後を引いてしまって、10分では済まなくなるんですが（笑）。

池上　ありますね、寝る前に読み始めて「しまった」と思うことが（笑）。

『史記』のように読み継がれてきた本には、人間の叡智が詰まっていると思います

池上　それにしても、企業のトップの方々は、よく本を読んでいらっしゃいますが、読む時のポイントみたいなものはありますか。

福原　本というのは活字を追うだけではダメで、何が書かれているのか考えながら読まなけ

れば、目を通す価値がない。

経営者仲間にも、「ボリュームがあって、やっかいな本だけれど、司馬遷の『史記』はいいよ」と、薦めることはあります。すると、みなさん、「あんな長いものを読めるか」とおっしゃる。

ところがひとり、「今まで、何年に皇帝が代わって何という国になったという歴史の流れにばかり目がいっていた。だから、なんてつまらない本だと思っていたのだけれど」と言ってくる人がいた。「福原君が言うように、なぜその皇帝は倒れたのかとか、なぜその代は繁栄したのかとか、そんなことを考えながら読んだら、とても面白く読めたよ」と。

池上　『史記』ですか。経営者の方々は、経営学の本だとかビジネス書をお求めになるのだと思っていました。

福原　ビジネス書やノウハウ本が役に立つのは、出版されてからせいぜい2〜3年ですよ。

なるほど! 池上彰がもらったヒント

本は活字を追うだけでなく何が書かれているか考えながら読むべき

そういう一過性の本より、『史記』のように千年読み継がれてきた本にこそ、意味があるのではないか。そこには、人間の膨大な叡智が詰まっているのではないか、と思うんです。

池上　とてつもなく多くの人々に選ばれて、現代まで残ってきたわけですからね。

福原　そして、自分なりに読む、考えながら読むことが大事ですよ。私の例でいえば、子どものころに読んだ『ロビンソン・クルーソー漂流記』は、人間は社会のなかでこそ生きるべきだという話であると、解釈していました。実際、そう書いてありますし。

ところが、「自分はそういう読み方はしなかった。人間はひとりでも生きていけるのだと、あの本から学んだ」と、感想を書いて送ってきた人がいたんです。

池上　面白い。人によって読み方が違うんだ。

福原　1冊の本を100人が読めば100通りの読み方が

なるほど! 池上彰がもらったヒント

千年の時代の試練を経て現代に残る古典には「人類の叡智」が詰まっている

あると思うんです。自分なりの読み方ができるようになると、読書はもっと面白い。

池上　『史記』のお話から連想しましたが、学校で教える歴史にしても、鎌倉時代だ、室町時代だと、それこそ暗記が中心ですよね。

福原　試験に出ますしね。

池上　なぜその時代にそういうことが起こったのか、考えながら歴史を読むと、暗記しなくても時代がわかってくる。

福原　池上さん流にいえば、「そうだったのか！　鎌倉時代」ですね（笑）。

池上　ありがとうございます（笑）。「なぜ、それが成立したか」「なぜ、滅びたか」という視点が大事なんですね。

本を読んでいると、知恵が出る。これが成功体験になり、ますます読むようになるんです

池上　ところで、仕事をしていく上で、読書が役に立つということはありますでしょうか。

福原　どうでしょう……。人間の原理、社会の原理に関することは、やはり本を読まないとわかりませんね。上司も教えてくれませんし。そもそも上司というのは、部下を裏切るものですから。

池上　おっと、いいんですか、そんなことをおっしゃって（笑）。

福原　本人は裏切っただなんて、微塵も思っていないでしょう。でも、客観的に見ると、裏切っている。

池上　なるほど。人間にはそういう面もありますね。

福原　下の者を裏切る、それも人間の原理のひとつです。こういうことは、先ほどの『史記』のように古典といわれている本だとか、よくできた小説を読むとよくわかります。

池上　福原さんは、「私が影響を受けてきた本」に、イタリアの小説『薔薇の名前』（ウンベルト・エーコ著、東京創元社）を挙げていらっしゃいます。イタリアの現地法人でこの本を読んだとおっしゃったら、「この経営者はとてつもなく教養がある」と、社員たちが襟を正したとか。読書にはそういう効用もあるんですね。

福原　たまたまですよ。原作にはラテン語の引用がたくさん出てくるんですが、今のイタリア人はそれが読めなくなっています。ところが、私が読んだのは翻訳本ですから。

池上　ラテン語が読めるんだと、美しい誤解をしてくれたわけですね（笑）。

福原　まあ、翻訳であっても、読んでいなければ誤解もされなかったわけで、読書はコミュニケーションの大きなツールにもなるんですね。

私にとっていちばんの効用は、日常生活の煩瑣《はんさ》を補ってくれる、補償作用がある、というところでしょうか。仕事をしていると、「この事案をどうやって成功に導くか」みたいな案件ばかり、次々と出てきますよね。うんざりしてしまう（笑）。そういうときは別の世界へ行くのがいちばんですが、本はページを繰るだけでそれができる。私が忙しければ忙しいほど本を読みたくなるのは、そういう効用があるからでしょう。

池上　よくわかります。

福原　また、いろいろ読んでいると、ふとした折に知恵が出るんですよ。それが皆さんに驚かれたり感心されたりして、一種の成功体験になる。すると、ますます本を読むようになるんです。

池上　読書が成功体験をもたらすと聞くと、読みたくなりますね。

昔、ＮＨＫテレビの番組「こどもニュース」を担当していたころ、マンガの特集をしまして、漫画家さんたちがどうやってマンガを描くのか、ストーリーを考えているのか

なるほど！　池上彰がもらったヒント

読書経験が
ふとした折に知恵を生む

を調べました。すると、漫画家さんたちは子どものころにたくさんの本を読み、頭の中で想像して独自の絵を描くことができていたそうです。だから、「マンガだけでなく本も読まないと、漫画家にはなれないよ」と話しました。

福原　本当にそうですね。読書とはあまり縁がなさそうなＩＴの構造をつくっている方やゲームを開発している方も本を読んでいる人が多いそうです。

池上　テレビの世界も同じで、優秀なプロデューサーとよばれる人たちはものすごく本を読んでいます。読書がいい番組づくりのきっかけになり、役立っています。

福原　そのためには子ども時代から、やさしい本ばかりでなく、少し手強いくらいの本を併せて読むといいですね。英文学者の外山滋比古先生も、「わからないところがあるぐらいの、難しい読書をしないといけない」と、おっしゃっている。

池上　手強いといえば、高校生時代に、『枕草子』や『源氏物語』、『奥の細道』の冒頭を、わけもわからず暗記させられましたっけ。

福原　その暗記には、意味があるんです。外山先生も、昔は5、6歳の子どもに『論語』の「子曰　学而時習之」を読ませていたことを指して、「漢文の素読は意味を教えないですから、あれは最も高度の読書教育です。意味を教えないから必死になって考える」とおっしゃっている。

私はこんなふうに考えています。人が成長する上で、食べたくないもの、硬くて食べにくいものも、たまには食べなければいけない。やわらかいものばかり食べていると、顎が育たず、大脳が活性化しない。読書も同じで偏食はいけない。素読でわかる本から少し難解な本まで、いろいろ読んだほうが成長にはいいのではないでしょうか。

池上　それこそ「春はあけぼの」ってところでみんな共通でわかりあえるところがありますでしょ。なにかに失敗した後、そのことに非常に詳しい人がいることがわかった時に「何事にも先達はあらまほしきこと」とかですね。ああいう言葉がすっと出てきて。ええ。あ、これが教養という物なんだということですよね。

福原　もうひとつはそれがコミュニケーションの大きなツールになるんですね。

池上　最近若い人にそういう話をしても全然わかってもらえなくて。

福原　往復できなくなっちゃう。

池上　最近、文字・活字文化推進機構の会長をお引き受けになったのは、やっぱり本が好きで本の楽しさをみんなに知ってほしい、という思いからでしょうか。

福原　もとはといえば、読売新聞の読書委員だったんです。２年か３年やっていたと思うんですけど。

池上　そうでした、そうでした。

福原　そうしたらそのうちに読売新聞で文字・活字文化推進機構の話に引っ張り込まれた。

池上　なるほど。そういうことでしたか。

福原　そのうちにその議員立法ができまして、文字・活字文化推進機構の組織を作ることになったんですね。それに加わってくれと。ぼくは最早、現職の理事長はできる立場じゃないし、年も年だけど、何かにお役に立つならやりますよ、ということになりました。結局、議員立法を推進された肥田美代子さんが理事長になって、私は看板の会長になっているわけです。読書に理論的な構築をするんじゃなくて、だけど本が好きというのは間違いないですから。本を読もうという運動を展開しているわけですよ。

池上　最近は具体的にどのような活動をやってらっしゃいますか。

福原　いろいろやっていますよ。図書館協会で講演をしたり。それも読売新聞や西南学院の読書教養講座とか。

池上　ああ、なるほどね。学校でいうと最近朝の10分間の読書の時間とかですね。いろんな現場での取り組みもありますね。

福原　そうですね。これはね、とってもおもしろいことで。7、8年前ですか、一部の学校が始めたんですね。そうしたらそれこそ燎原の火のごとく広まっちゃったんですね。

池上　そうですね。

福原　今は70パーセントくらいの学校がやっているっていう統計もありますけどね。結局あれをやることによって、学力が上がるというか。まじめに先生の話を聞くようになるとか。いろんなことが理解できるようになるとか。効果があったんですよね。だから広がった。

池上　そうですね。

福原　ですから今の小学校を経験した方々は、いい世代になったと私は思うんですね。

情報を受け入れるだけでは、物知りにはなるが、認識に到達しません。自分のものにしなければ

池上　福原さんは、社長に就任して5年目の創業120周年に、世界各国の資生堂社員に『木を植えた人』（ジャン・ジオノ著、原みち子訳、こぐま社）を贈呈されましたよね。

福原　この本は、ありがたいことに6〜7か国語に翻訳されているんです。ですから、世界中の社員が同じ本を読むことができる。費用をかけて後に何も残らないパーティーを開いたり、役に立たない記念品をばらまくよりいいでしょう？　また、この話のコンセプトがとてもいいんです。

池上　あるところに毎日100個ずつ、荒れた高地に団栗を蒔く羊飼いがいた。

福原　やがてその団栗が芽を出し、大木に生長して、山に森ができると水が貯えられ、川が流れ、人が住みつくようになる。

池上　最後にオチがついていましたね。

福原　ええ。森林監督官がやってきて、こんなに素晴らしい自然林は見たことがない、保護のため焚火はしないようにと、当の羊飼いに注意する。それを聞いても羊飼いは自分が成したことだとは告げず、黙々と毎日、木を植え続けた……。

実はこの話、フィクションなのですが、私が気に入ったのは、少しずつでいいから、着実に、ひとつの仕事を積み重ねていくと、やがて大きな仕事になるというところです。

池上　世界中の社員から、社長宛にずいぶん感想文が送られてきたそうですね。

福原　いちばん多かったのは、フランスの工場から。なかには、「私はこれまで数社に勤めてきたが、社長から本をもらったのは初めてだ」とか。

池上　そういうことが、社員を育てるところにつながっていらっしゃるんでしょうね。

福原　うーん、私は社長になりたくてなったわけではないので……。ですから、大和証券の会長を務められた千野宜時さんに、「福原君、会社の定款に書かれていない経営者の務めとは、何かわかるかね？」と尋ねられたときもわからなかった。千野さんは私の先生ともいえる方なのですが、正直にそう答えると、「後進を育てることだよ」と。

なるほど! 池上彰がもらったヒント

経営者の大切な務めは後進を育てること

そこで、「人を育てる」という視点で、いろいろな本を眺めてみました。たとえば、ドラッカーの『企業とは何か』（『ドラッカー名著集11』ダイヤモンド社）を読むと、「新製品開発に夢中になるより、人材を育成したほうがいい」というようなことが、たしかに書いてある。一時的に人気を博して利益を上げるのと、人材を育てるのと、どちらが企業の永続性につながるのか、ということですよね。そんなふうに本を読んで参考にしました。

池上　組織運営に必要な視点も本で学べる、と。

福原　組織についていえば、今の時代、最も考えなくてはいけないのは、統治、いわゆるガバナンスでしょう。誰もが安心して働ける組織体系を作りだすこと。そのために組織のリーダーが何をすべきか、それも『史記』に全部書いてあります。なぜその統治者は失敗したのかとか。

池上　学校における組織運営にも、参考になるところがありそうですね。

福原　教育現場の方にお話をうかがうと、評価制度などが導入されて、すごくお忙しいようですね。そういう事務的な作業こそＩＴ化して、先生方に本を読む時間をさしあげたい。すると、授業でも子どもたちの興味を引くお話ができるでしょうし、先生の人間的な魅力にもなります。ただし、いくら本を読んでも、知識や情報の受け売りをするのは感心しません。私が尊敬する元東京大学文学部長の今道友信先生は、「情報として知ることは、すでに成立している過去の知識を根拠なしに受け入れることだ。物知りにはなるだろうが、認識に到達したとはいえない」というお話を講演でなさった。
　これを聞いて私は瞠目しました。読書も同じ、真偽や学問的根拠を確かめながら読んで初めて、その本の内容を認識した、自分のものにしたといえるのではないでしょうか。

池上　だから、「ネットを見る」とはいっても、「ネットを読む」とはいわないんですね。

福原　本の世界もデジタル化が進み、これからは電子書籍が紙の本に代わるという議論がありますが、どうでしょう。私は併存すると思います。紙の本なら、目分量で読みたいページの近辺をパッとめくれますし。

池上　たしかに、電子書籍では本のボリューム感がつかめないですね。そんな本の目利きともいえる福原さんを魅了した、近年の本は何でしょう？

福原　ここ1、2年では、『世界の測量』（ダニエル・ケールマン著、瀬川裕司訳、三修社）ですね。偉大な博物学者フンボルトと天才数学者ガウスの史実をもとにした小説で、測量技術の専門書ではありません（笑）。章ごとに、ふたりの数奇な人生を交錯させ、最後に出会わせる物語です。

池上　とても面白そうですね。そういう本をどこで見つけられるんですか？

福原　新聞の書籍広告欄です。私は毎朝、まずここをチェックして、気になった本をなじみの本屋さんに届けてもらっています。当然、当たりハズレがあって、購入した本の３割から５割くらいは当たりでしょうか。

それに、新聞の広告欄を見ていると、今の時代にみなさんがどういう本を書いて、どういう本が売れているか、傾向が見てとれて面白いですよ。

池上　なるほど。東京駅丸の内北口の丸善本店には、編集者の松岡正剛さんがプロデュースした書店「松丸本舗」（㊟）がありますね。福原さんの本棚の一部も再現されているとか。

福原　はい、家にある本と同じものを並べて、気に入ったらご購入いただけるようにしています。

池上　学校の先生方にもご覧いただきたいですね。今日はありがとうございました。

（この対談は２０１０年６月に行われました。）

㊟２０１２年９月閉店。

色とりどりの教師が個性あふれる子どもを育てる

自分の頭で考える。それが未来をひらく鍵

作家　乙武　洋匡　氏

電動車いすを自在に操り、全国各地を飛びまわり、自身の体験や教員としての経験に基づいた教育論を発信している乙武洋匡さん。既存の枠にとらわれず、やりたいことに対して常に前向きに取り組み、実現してきた実行力は、どのような言葉よりも説得力があり、乙武さんの生き方がすでに、強烈なメッセージを私たちに伝えてくれます。

次々と活躍のステージを変えながら、未来を託す子どもたちに大人が何を伝えられるかを問い続ける乙武さんから、今の教育、これからの教育に思うことをお聞きしました。

●乙武　洋匡（おとたけひろただ）

1976年東京都生まれ。早稲田大学在学中、自身の体験を綴った『五体不満足』が大ベストセラーに。卒業後はスポーツライターとして活躍。その後、小学校教諭二種免許状を取得。2007年から3年間公立小学校教諭として勤務。2013年2月、東京都教育委員に就任。主な著書に『だいじょうぶ3組』（講談社）、『自分を愛する力』（講談社）など多数。

仕事は自分のメッセージを伝える手段。肩書きや職業名にはこだわっていません

池上　数多くのメディアやご著書を通じて存じあげていたので、初めてという感じはまったくしないのですが、直接お会いするのは初めてですね。まずは素朴な疑問からですが、今日はどうして帽子をかぶっていらっしゃるんですか。

乙武　ああ、これですか（笑）。僕は、２００７年４月から３年間、小学校で教師をやっていました。その経験をもとに『だいじょうぶ３組』という小説を書かせていただき、今度その小説が映画化されることになりました。

小説では、僕をモデルにした「赤尾慎之介」という両手、両足のない電動車いすに乗った新任教員が主人公ですが、映画版では赤尾の手助けをする幼なじみの補助教員「白石優作」が主人公なんです。その主役をＴＯＫＩＯの国分太一さんが演じてくださることになって、赤尾役は僕に、ということになり、今年の正月明けから約２か月かけて、ずっと撮影をしてきました。

原作のなかで、子どもたちと賭けをして、結果的に赤尾が坊主になる、というシーンがあります。映画化されるにあたっても、そのエピソードが盛り込まれるということで、実際に

子どもたちに坊主にされてしまいました。

池上　なるほど、それで今帽子をかぶっていらっしゃるんですね。

乙武　帽子を外すとですね……。３週間前は本当にツルツルで、ようやくこれくらいまで伸びました。

池上　「坊主になる」なんて原作にしなければよかった、と思いませんでした？

乙武　本当ですね、はい（笑）。でも、僕が子どもたちを勇気づけるために、「自らプールに飛び込む」というシーンもあったんですけれども、今回真冬の撮影だったので、そのエピソードが採用されるよりはまだいいかな、と思いました。

池上　それにしても、振り返れば『五体不満足』以来、どんどん活躍の場、仕事の場が広がっていますね。

乙武　そうですね。一般的な大学生だった僕が、『五体不満足』を出させていただいて、それからニュース番組のサブキャスターをやらせていただき、その後スポーツライターに。教員免許を取得してからは、教員を３年間務めさせていただきました。その他、ＦＵＮＫＩＳＴというバンドと一緒にＣＤを出し、今は保育園の運営にも携わっています。さらに今回、「俳優」というのも増えまして（笑）。

池上　これだけマルチに活動されていると、肩書きは、何ということにすればいいですか。

乙武　何でしょうね。公的な書類でどうしても書かなければならないときは「著述業」と書いていています。でも、あまり職業というのを限定しなくてもいいのかなと自分では思っています。

僕は以前から、世の中でこういうことをしていきたいから、その手段として仕事を選ぶ、というスタンスでした。自分の伝えたいメッセージを少しでも多くの方に伝えるために、「次はこんな活動をしてみようかな」という感じです。

池上　大事なことですよね。「こういう職業に就きたい」という場合、そもそもなぜその職業に就きたいと思ったか、というところが忘れられてしまっては、本末転倒というか。

乙武　そうですよね。たとえばプロ野球の世界でも、「プロ野球選手になる」ことを目的にがんばってきた選手は、いざドラフトで指名がかかって入団すると、そこがいったんゴールになってしまって、ちょっと気持ちが切れてしまうことも多いようです。

池上　なるほど。

乙武　ところが、「プロ野球の世界で活躍して子どもたちに夢を与えるんだ」とか、「歴代の記録を塗り替えるんだ」とか、そういうところに目的をもっている選手は、入団はあくまでも通過点なので、意識を高くもって、さらなる努力を積み重ねられるんです。

　ですから、「この職業に就きたい」という夢はもちろん大事ですが、「就いた上で何がしたいのか」というところに目が向いていないといけないと思います。

池上　それでいうと教師も、「学校の先生になりたい」というとき、なぜ学校の先生になりたいと思ったか、という

なるほど! 池上彰がもらったヒント

「その職業に就きたい」ではなく、「こういうことをしたいからその職業に就く」と考える

ところをしっかりもっていないと。

乙武　動機として、「子どもが好きだから」という答えが多いんですけれども、それだけではものすごく足りない気がしています。

　子どもが好きだというのは大前提であって、その上で子どもに何を伝えたいのか、子どもをどういう教育観で日々指導していきたいのかという目的をしっかりもつべきです。厳しい言い方をすれば、「子どもが好きだから」ということしかないのならば、「ボランティアで遊びに来てよ」と思うんです。

僕の幸せは親、恩師、周囲の大人のおかげ 次は僕が子どもたちにこの恩を送りたい

池上　乙武さんは、なぜわざわざ大学に入り直してまで教員免許を取ろうと思われたのですか。

乙武　僕のなかでは3段階あるんです。もともと大学卒業

なるほど！池上彰がもらったヒント

「子どもに何を伝えたいのか、子どもをどういう教育観で指導したらいいのか」という目的をもつ

後はスポーツの現場で一生懸命やらせていただいていたんですけれども、当時、十代前半の少年少女が、命を奪われる側だけではなく、奪う側にもまわってしまうということが立て続けにありました。

たとえば、長崎男児誘拐殺人事件やその翌年に起こった佐世保小6女児同級生殺害事件。そういう事件のメディア報道を見ていると、「最近の子どもたちはわからない」「凶悪犯罪が低年齢化している」といった、子どもたちだけに責任を求めるような論調が多く目につきました。

でも僕は「かわいそうだな」と思ったんですね。もちろんいちばんかわいそうなのは命を落とした被害者であり、そのご遺族の方々です。でも、そうした事件を起こしてしまった側の少年少女にも「かわいそう」と思わずにはいられませんでした。

なぜなら、「犯罪者になってやろう」と思って生まれてくる子はいませんよね。幸せになりたいという願いを抱いて生まれてきたはずなのに、わずか十数年という本当に短い年月のなかで、いつしかさまざまな状況や要因によって、事件を起こさざるを得ない、苦しい状況に追い込まれてしまったのではないかと思うんです。

きっと彼らもどこかでSOSを出していたんじゃないか。周りの大人がそのサインに気づいて、軌道修正をしてあげることができていれば、こんな悲しい事件を起こさなくて済んだのかもしれない。

そう考え、僕の人生を振り返ったときに、やはりこういう体で生まれてみると、もしかしたら自分に対して否定的になり、消極的な人生になってしまっていても不思議はなかったと思うんです。ところが僕は、本当に毎日充実感をもって、いろいろなことにやりがいを感じながら生きていられる。それは、両親や学校の先生をはじめとする、周りの大人のおかげだったんだなあということに気づいたときに、今度は自分の番だと思いました。

両親やお世話になった方に「恩返し」もしていかなければいけないと思いますが、もっと大きな社会の流れのなかで、上の世代から次の世代に向けて「恩送り」をしていきたいんです。

池上　親から受けたものを下の世代に伝える「恩送り」。なるほど、いい言葉ですね。

乙武　次の世代のために、今度は僕が力を尽くしていく番

なるほど! 池上彰がもらったヒント

上の世代から次の世代に向けて「恩送り」をしていきたい

だと思ったときから、教育に関心が向いていきました。ただ、その時点で教員免許を取ろうと思っていたわけではありません。教育に関心をもって、勉強をしたり発言をしたりしていたところに、作家の重松清さんとお会いしたのがきっかけとなりました。

重松さんは、ご存じのとおり子どもや学校をモチーフに多くの作品を発表されている方ですが、そうすると教育界の方に、「重松に教育の何がわかるんだ。教員免許をもっているのか」と言われることが多いのだそうです。そこで「実は教育学部を出て教員免許をもっています」と言うと、ようやく認めてもらえると。「乙武くんのことはとても応援しているけれど、今のままだといつか壁にぶつかるときが来ると思う」と教えてくださいました。

教育界から部外者としてしか扱ってもらえないのであれば、活動の意義が半減してしまいます。やはり教育界の一員だと認めていただいた方が意義のある活動ができるのではないかと思い、29歳のときに明星大学にお世話になることになりました。

また、同じ年の4月から、新宿区教育委員会の非常勤職員「子どもの生き方パートナー」として新宿区立の小中学校、特別支援学校をまわらせていただき、そこで感じたことを教育委員会に提言していくという活動を2年間やらせていただきました。それまで僕は教育現場を見たことがなかったですから、メディアから聞いた通りのイメージで、「教育現場って大丈夫なの？」という気持ちで始めたんです。

ところがいざまわってみると、本当に学校現場は頑張っていて、どの学校にも情熱をもってさまざまな工夫をし、魅力的な授業をしている先生がいらっしゃいました。そんな姿を目にして、有名な刑事ドラマのセリフじゃないですが、教育も「文部科学省の会議室でおこなわれているわけじゃなくて、教室という現場でおこなわれているんだ」ということを実感したんです。

それを感じたとき、教壇に立ちたいと思いました。目の前の30人、40人という子どもたちを、責任をもってお預かりする。そういう立場になってみて初めて見えてくること、感じられることがあるんじゃないのかと思ったんです。

非常勤講師職員という立場でまわっても、結局は半日、1日いるお客さんですから、子どもたちも先生方もいい面しか見せてくださらないんですよね。それでは意味がない、本質的な部分に触れることができない。やはり現場の一員として責任をもってやることで、初めて見えてくることもあるのではないかと、そんな思いになりまして、「これから教育について深く学ぶためにも、とにかく教員を経験しよう」ということで、小学校教員になりたいと思ったんですね。

池上　明星大学の通信教育ではずいぶん勉強したようですね。

乙武　そうですね。1回目の学生時代、つまり早稲田大学にお世話になっていたときには、勉強の目標が明確に決まっておらず、すでに大学3年生で本を出してしまっていたので、どちらかというと仕事メインになっていました。あまり授業を熱心に聞くという学生ではなかったんですね。

だから今4年間を振り返っても、僕は政治経済学部・政治学科でしたが、「政治のどんな勉強をしたか」と聞かれたら「一夜漬けがほとんどだった」というのが正直なところです。

ところが2度目の学生生活は、「教員になりたい、子どもたちの役に立ちたい」という明確で強い思いがあったので、授業を聞いていても吸収力が違うんですよね。ですから当時受けた授業というのは今でも憶えていますし、内容も自分のなかに残っているんですね。本当に人間のモチベーションはすごいものだと思います。

池上　モチベーション、動機づけといいますかね。

乙武　それは教員になって子どもたちを教えていても、感じるところです。漢字がなかなか覚えられない子どもや、なかなか計算がうまくいかないという子どものことを、パッと見て大人は「勉強ができない」と断言してしまうところがありますが、それは間違っていると思っています。たとえばすごく勉強が苦手な子どもでも、ポケモンのモンスターの種類を100種類以上言えたり、関東にある駅の名前を全部言えたりする子がいるんですよ。

池上　はい、いますよね。

乙武　ということは、能力ではなくモチベーションの問題ではないでしょうか。教えたい内容に興味さえもってもらえれば、それくらい覚える能力はあるんです。彼らのせいではなく、教える内容、授業内容に興味をもたせることができない、こちら側の問題ではないかとすごく感じましたね。

公立校は「社会の縮図」一律でないからこそ大切なことを学べる

池上　教わる側から教える側になって、新しい発見はありましたか。

乙武　そうですね。これは公立小学校の良い点でもあり、難しい点でもあると思うんですが、とにかくいろいろな子どもがいて、とくに授業をする際には、「学力、理解度が一律ではない」ということです。公立で教えていて、「伸び残し」という言葉を初めて聞きました。

池上　伸び残し？

乙武　はい。「積み残し」という言葉はよく聞くと思うんです。つまり授業をしていてわからない子どもを、置いてきぼりにしてしまうと、その子がどんどんわからなくなってしまう。その状態を「積み残し」というんですけれども、公立ではぜったいにそれはしてはいけない。つまりどんな内容でもいちばんできない子に合わせなければならないのです。

そうすると理解度の高い子どもは、おもしろくないんですよ。本来はもっと伸びていくはずなのに、下の子に合わせるがゆえにゆったりとした授業になってしまい、その結果伸びきれずに終わってしまうことを、「伸び残し」というんですね。

池上　なるほど。

乙武　新宿区で「子どもの生き方パートナー」をしているときに、たまたま見に行った中学校の授業で、定期テストの返却をしていました。先生が平均点と学年最高の点数を発表したんですが、最高点が85点くらいで、「え、そんな難しいの？」と思って問題を見たら、そこまで難易度の高いテストではなかったんですね。

つまり小学校の段階でもっとやればもっと伸びると感じる子は、親御さんが私立に進ませてしまうという現状があるんです。

池上　昔は公立の中学校でもいろいろな生徒がいて、リーダーシップをとる生徒もいっぱいいたけれど、今はそういう生徒はみんな私立に行ってしまうから、公立でリーダーシップをとる生徒がいなくなったとよくいわれますよね。でも、世間でいわれるほど、公立も悪くないですよね。

乙武　そうなんです。本当に公立中学に行ってみて、すごく雰囲気がいいといいますか、子どもたちはのびのびとしているし、現場の先生方も一生懸命考えながら、いろいろな工夫をして授業をされています。決して世間でいわれているほど、「公立に行ったら大変なことになる」というようなことはないと感じました。

たしかに、学力のみで学校を評価してしまえば、私立の一律の学力のもとで勉強をした方が、効率的な学習はできるのかもしれません。ですが、学校というのは教科学習だけではないですよね。人間関係とか、地域との結びつきとか、世の中にはいろいろな人がいるということを学ぶには、公立の方がその学びは大きいと思います。学力や家庭環境などさまざまな点が粒ぞろいの私立では、そこで育つ子どもたちの価値観が、ある程度固定されてしまう恐れはあると思うんです。

公立というのは、ある意味「社会の縮図」です。それを肌で感じながら育つことも、とても重要なことです。本当の意味でのリーダーになれるような人材が育つには、公立を経験していた方がいいのではないでしょうか。

池上　それは私も思うんですよね。たとえば、霞が関のエリート官僚たちは、かなりの人が私立の中高一貫校のエリートで育ってきているので、家庭環境が厳しかったり、いろいろなことができなかったりする子どもたちがいることを忘れちゃうんですよ。そういう人たちが、国の政策をつくるというのは、偏っているなと思うんですよね。

僕が教育改革するなら、大学受験と教員採用システムのふたつを変えたい

乙武　僕は担任をしているときに、「先生はどうしてイラッとしないの？」と聞かれたことがあります。「どういう意味？」と聞いたら、「最近妹に勉強を教えるようになって、妹がわからないと、なんでこんなこともわからないのってすごくイライラしちゃう。でも先生は、私たちがわからなくても、一回も授業でイラッとしたのを見たことがない」と。

僕自身、どちらかといえば子どものころから勉強はできた方で、ひとりっ子なので、あまり年下の人に教えるということもありませんでした。教員になるにあたって、理解のゆっくりな子に対するケアをしていこうというのを、かなり意識してスタートしたので、その児童の言葉が、すごくうれしかったんです。

まさに今、池上さんがおっしゃったように、ひとつの教室の中だけでなく、国ということで考えても同じだと思います。いろいろな政策を考えるときにも、「自分ならこれくらいできる」という感覚でシステムをつくられてしまうと、そうできない人たちが取り残されてしまいます。そういうことにもう少し考えがいくと、もっとあたたかい豊かな社会になっていくのかな、というのは感じますね。

池上　実は、東京大学自体に、そういう危機感があって、東京大学の学生がどうも東京や大阪の私立一貫校の学生ばかりになっている。数学の問題が難しくなりすぎると、中高一貫のエリートの連中しか解けないんですよ。これはいけないだろうということで、去年、一昨年など試験問題を変えました。地方の公立高校の学生が解きやすいようにしようということになって、数学の試験問題を少し易しくしたのではないかというのです。

そうしたら、地方の公立高校の卒業生の比率がぐっと増えて、いわゆるエリートの中高一貫の学生の割合が減ったんですよ。受験業界ではすごく話題になったんです。

つまり東大にもそういう問題意識があるんですよ。要するに普通に公立できた生徒に入って欲しい。やっぱり伸びしろもあるんですよね。そういう人たちの方が。

乙武　もし僕が「教育改革をどのようにしたらいいと思いますか」と聞かれたら、どうしても言いたいことがふたつあります。

ひとつは大学受験のあり方を変えること。大学というのは、本来はそこで学ぶことに意義があるのですが、今の日本は入ることが目的になってしまっていて、しかも入るための受験では、知識だけを問われる問題があまりに多い。そうすると、当然、高校～中学校～小学校の勉強も詰め込み式になってしまいます。

「ゆとり教育」は批判されましたが、僕は目指していた理念は決して間違っていなかったと思っています。いろいろな経験を積ませて、そのなかで感じたことを応用して、考える力を身につけていこうという発想は間違っていなかったけれど、教員が準備する時間が足りなかったから形骸化してしまった。

でもこれからの国づくりに大切なのは、まさにそこだと思います。大学受験がもっと「こういうとき、あなただったらどう考えますか」というような、その人の「人間力」を問えるような問題になってくれば、それにしたがって高校、中学校、小学校で学ぶべき内容、カリキュラム、その他が、オセロゲームのようにパタパタと変わっていくと思います。

もうひとつは教員採用のシステムです。3年間教員をやらせていただいて感じたのは、「子

どもたちの個性を認めよう」ということがようやく教育現場でいわれてきたことです。ただ、「そのためにはどんな教育をしたらいいのか」というのが、今ひとつ浸透していないというのが、率直な感想です。というのも、教員になる人々というのは、優秀だった方が多いんですよね。

池上　そうなんですよ。子どもの頃から先生にかわいがられて、先生に憧れて先生になろうと思った、いい子たちばかりですよね。

乙武　だから忘れ物なんかしない。提出物も遅れない。時間にも正確。そうやって生きてきた方が教員になっているので、できない子や枠からはみ出してしまう子のためを思うからこそ、「このままじゃ、たいへんなことになるよ」と、枠の中にはめよう、はめようとするんです。

でも僕は大学を卒業してから、スポーツや文化、芸能などの世界の方々と交流させていただきました。そのなかで、いろいろな人と出会うことができ、いろいろな人生を知ることができました。たとえば僕の大親友は、歌舞伎町でホストクラブを経営しています。学生時代ははみだし者だったかもしれないけれど、今はきちんと頑張っている友人が何人もいるんです。だから、今は学校の中でみんなと同じようにできない子がいても、「ああ、君は君でなんとかやっていけるよ」というふうに安心できるんです。

そういうつきあいがなく、きちんとまじめに生きてこられて、今も同じようなタイプの友人しかいない人は、この枠の中から出てしまったら人生おしまい、という強迫観念があるのではないでしょうか。

ですから僕は、教員になるには、たとえば3年間民間で働いた経験が必要とか、そんなルールを設けることが、結果的に子どものためになるのではないかと思っています。

実は今日、いちばん最初にお話しさせていただいた『だいじょうぶ3組』の中では、教員の名前にそれぞれ「赤尾」「白石」「青柳」「紺野」と、色の名前がついているんです。子どもたちの個性を育てようというからにはまず、「教員ひとりひとりが色とりどりの存在でなければいけないのでは？」という問いかけをしたくて、ちょっとそういう隠し味を入れてみました。

自分の頭で考える子どもを育てるには堂々と間違えられる教室の雰囲気が大事です

池上　ゆとり教育についてのお話は、私も同感です。「ゆとり教育が間違っていた、というのは間違い」と、私もぜひ言いたい。

ゆとり教育を導入したあと学力が低下したと、ＰＩＳＡ（ＯＥＣＤ生徒の学習到達度調査）

のテストで問題になりました。そこで急に詰め込みに戻ったら、ＰＩＳＡの順位が上がった。「ほら、よかった」と言っているんですが、それはおかしいんですよ。

だって、詰め込み教育をやった効果がわかるまでは、当たり前ですが、何年かかかりますでしょう。ＰＩＳＡは15歳で受験するわけですから、その前に何年間かは、詰め込み教育を受けていなければいけないはずです。

成績が上がった生徒は、実はゆとり教育を受けてきた子です。詰め込み教育に戻してどうなるかの結果が出るのは、このあとのＰＩＳＡのテストなんですよ。そういうことがわからないまま、「ゆとり教育をやめたら成績がよくなった」というのは違うんだろうと。

　そもそもゆとり教育を導入するきっかけは、ＰＩＳＡのテストが長期低落傾向にあり、このままじゃいけないということだったんです。ＰＩＳＡのテストは、自分の頭で考えさせる問題が多いから、そのためにはゆとり教育が必要だといって始めたんですよ。

乙武　そうですよね。

池上　実際のゆとり教育は中途半端な形になってしまいましたけれども、私はその効果が出たから、ＰＩＳＡの成績が少し持ち直したんだと思っています。ですから乙武さんのお話を聞いて、我が意を得たりという気がいたしました。

乙武　ありがとうございます。ですから僕も日々の授業のなかで、そういった部分は大切にしていきたいと思って授業をしていました。

　たとえば6年生の社会で聖徳太子の「十七条の憲法」を教えるというときに、もちろん知識も大切なので、一条目は「みんな仲良くしなさい」といっているんだよ、二条目では「仏教を篤く信仰しなさい」といっているんだよと、必要最低限のことは教えました。その上で、「聖徳太子は、豪族たちが争っている時代に、なんとか平和な世の中にしたいと思ってこの憲法をつくりました。では、そのために必要だと思う十八条目の憲法を自分で考えて、ノートに書いてごらん」という授業をやったんですよ。

池上　それです！

乙武　すると、ある食いしん坊の女の子は、「食べ物があったら分けてあげる」という微笑ましいものをつくったり、その後私立受験をして優秀な中学校に行った男の子は、「力のある豪族からはより多くの税金を取る」と書きました（笑）。

池上　なるほど、累進課税ですね（笑）。所得格差を減らそうという。

乙武　そのふたつを比べたときに、もちろん後者の方が政策としては有効なのかもしれませんけれども、僕は、両方等しく○にしたんです。なぜなら、僕の評価の観点が「どちらがより有効な政策か」ではなくて、「自分の頭で世の中が平和になる憲法を考えることができたか」というところなので。ただびっくりしたのは、クラスの半数の子どもが、ノートが真っ白なんですよ。1行も書けなかったんです。

もちろん子どもを責めるつもりはなくて、やはりこれまでの日本の教育が、知識を覚えさせて、そこで記憶したことをテストという場で取り出せるかどうかを「勉強」「学問」としてきてしまったので、子どもたちに、自分で考える力がないのは仕方がないんですね。でもこれはかなりショックでした。

池上　よく、考える力がないとか、○×問題には答えられるけれど記述式には弱いと言われるでしょう。でもそれって、私が小学生のときも、そういわれていました。

乙武　そうなんですか。

池上　50年前に、すでにいわれていたんです。

乙武　それが戦後の日本の教育だったんですね。

僕がもうひとつ授業をしていて感じたのは、もちろんカリキュラムや授業の方法もあるのかもしれませんけれども、クラスの雰囲気というものも大きく関係してくるということです。

クラスがぎくしゃくしていて、「ちょっとでも間違えたことを言ったら、みんなから変な顔をされるんじゃないか」というような空気のなかで勉強をしていれば、「自分の意見を述べなさい」と言われても、なかなか自らの言葉で文章を書いたり発言をしたりというのは難しいですよね。

でもそうではなくて、「この仲間なら、自分が多少間違えたことを言っても、あたたかく受け入れてくれるだろう」という雰囲気をつくると、内気だった子までどんどん手をあげて、自分の意見が言えるように、もしくは書けるようになってくるんですね。だから、学力とクラスの雰囲気は無関係ではないと思います。

教師が自分の世界を広げればそれが必ず子どもに還元されると思います

池上　乙武さんは、現在は先生ではありませんが、どうですか。また戻りたいですか。

乙武　しばらくは、燃え尽き症候群じゃないですけれども、やり遂げた安堵感のようなものがありました。でも今回映画の撮影で28人の子役さんたちがクラスの児童役をやってくれて、先生のように授業するシーンもいっぱいあったので、２か月間先生に戻っていたんですね。すると、授業をしている自分はすごくイキイキとしているなと感じてしまって。やっぱり向いているのかな、というのは感じました。

　でも同じ立場でまた同じことをするというのも進歩がないので、たとえば今度は校長という立場で学校をマネジメントするとか、なにか違った形で教育現場とかかわれたらいいなあと思っています。

池上　これから、どんなことをしていきたいですか。校長になるにはまだ年齢的に、もう少し間があると思うんですけれども。

乙武　そうですねえ。やっぱり僕は「ひとりひとりが違っていて当たり前なんだ」というメッセージを伝えたいとい

なるほど！池上彰がもらったヒント

「ひとりひとりが違っていて当たり前」と伝えたい

う思いで『五体不満足』を書いたので、今後もそのメッセージを伝えていくことが、僕の使命だと思っています。

それをそのときどきの判断で、「今は、一教員という立場がいいんじゃないか」「今は、校長という立場がいいんじゃないか」「今は、本を書くということがいいんじゃないか」と、どんな活動を通して伝えていけるかというのを、常に意識を高くもって模索していきたいと思っています。

いちばんはじめの話に戻るんですけれども、「この職業、今度はこういう仕事をしたい」ではなくて、今このメッセージを伝えていくためには、今これをすべきなんじゃないかとか、この14年間がそうであったように、これからもそのスタンスで柔軟にやっていけたらいいかなあと、そんなふうに思っています。

池上　なるほど。わかりました。それでは最後に、今現場で頑張っていらっしゃる先生へのメッセージをお願いします。

乙武　そうですね。とにかく今の教育現場は忙しくて、いろいろな事務作業に忙殺されてしまうということは、僕自身この3年間で感じたことです。それが終わって飲みに行くときに、同僚と飲んで、愚痴をこぼすというのもたまには必要かもしれないんですけれども、少なくとも3回に1回は、異業種の人と会うとか、今まであまり自分が行かなかったような所に出向いて行って、価値観や視野を広げるということが、子どもたちのためになると思っています。
　とにかく教育界という世界から、勇気をもち、労力をいとわずに飛び出して、新しいものに触れるということが、必ず子どもに還元されると思います。

池上　私も本当にそれは痛感しています。まずは自分の世界を広げ、教師自身が魅力ある人間になろうということですね。今日はどうもありがとうございました。

（この対談は２０１２年３月に行われました。）

なるほど! 池上彰がもらったヒント

勇気をもち、労力をいとわずに「教育界」から飛び出して、

新しいものに触れることが子どもに還元される

学びの「技」と「型」を子どもに伝えよう

問いと発見の魅力で子どもは動き出す

明治大学文学部教授

齋藤　孝　氏

教育スタイル論の提唱者として知られ、大ベストセラーになった『声に出して読みたい日本語』をはじめ、身体を基盤にした独自の教育論、ビジネス論、コミュニケーション論など、多くの著作をもつ齋藤孝さん。三色のボールペンを用いた読書・情報活用法など、理論を実践にうつすための数々の方法は、「齋藤メソッド」と呼ばれ、教育の現場からビジネスの世界まで、多くの共感を集めています。

「生きる力も、考える力も、まずはそのための〝型〟を身につけることが大切です」と語る齋藤さんに、子どもが自ら学びたくなる授業についてお聞きしました。

●齋藤　孝（さいとうたかし）

1960年静岡県生まれ。東京大学法学部卒業。東京大学大学院教育学研究科学校教育学専攻博士課程、慶応義塾大学非常勤講師などを経て2003年4月より明治大学文学部教授。

専門は教育学、身体論、コミュニケーション論。著書・監修書は、『教育力』（岩波書店）、『子どもの集中力を育てる』（文藝春秋）など、200冊を超える。

身体論の魅力にはまったことが、裁判官志望から教育者への転換のきっかけでした

池上　私がＮＨＫにいるときに、職員の研修で齋藤先生にお越しいただいて、生で話をお聞きしました。途中でみんなに実技、実演させるんですよね。身体論からコミュニケーション論まで全部入っていて、実に楽しく、ああ、講演ってこうやってやればいいんだと、大変勉強になりました。

齋藤　実はあのときのことはよく記憶に残っています。私の講演会やセミナーでは、実際に作業をやってもらうことが多いのです。ＮＨＫでやったとき、いちばん熱心だったのが池上さんでした（笑）。いちばん熱心にメモをとられていて、課題になってもいちばん積極的に動いて、いちばん熱心に私を見ていたのも池上さんでした。目を見る、うなずく、ほほ笑む、相づちを打つ。まずこの４つに加えて、メモをとって、積極的に早く動くというのがコミュニケーション力に必須だという内容のセミナーで、いちばんコミュニケーション力のある人が、いちばん一生懸命だった（笑）。すごい象徴的でした。

池上　そうでしたか（笑）。

齋藤先生のことは、読者の方もよくご存じだと思いますが、あらためて、先生が教員養成

にかかわられるようになったきっかけをお聞かせいただけますか。

齋藤　もともと私は、裁判官になりたくて大学の法学部に入ったんです。同時にそのころから、日本の礎は教育だろうと思っていました。当時、家永三郎さんの教科書裁判など、教育の方向性が裁判で決定される、というような流れもあり、自分が日本の教育をよくしたいという思いから、裁判官を志望していました。

池上　ああ、なるほど。たしかに、教育問題が裁判になることが多かったですね。学力テストも裁判になりましたし、家永裁判は何回にもわたっておこなわれましたからね。

齋藤　裁判所が決めたら、物事が決定してしまうわけです。意思決定力や影響力が大きく、ひとりの人間が歴史を変えてしまうようなこともあり得るわけで、そういう仕事をしてみたいと思って法学部に進みました。

でも、行ってみたら、大学の４年間で、私は身体論にはまってしまったんですね。

池上　そこをおうかがいしたかったのです。なんで身体論だったのでしょう。

齋藤　あのころは、野口三千三先生、竹内敏晴さん、あるいはヨガなど、身体技法的なものが咲き誇っていた時代だったのですね。私も、日本の精神の問題は身体文化を失ったところから来ていて、身体文化の復興というものが必要だと考えていましたので、どんどんのめりこんでいきました。

なかにはやはり危険なものもありまして、そういう流れのカルト教団もありますね。書店へ行くと、宙に頑張って浮いているように見せてジャンプしている写真を見たりしたのが当時印象にありました。そのように実際に危険なものもあるなかで、やはり大きな文脈としては、その身体文化の復興なくしては難しいだろうと思ったんです。

たとえば、禅もひとつでしょうし、相撲もひとつですし、茶道もそうですけれども、流れをたどると、やはりヨガあたりに行く。それでヨガを習ったりしたんです。

体を整えて、心を整えるということに魅力もありましたし、私自身もともとスポーツや武道をやっていましたから、知識上だけではなく、実際に自分の体を動かして実践できるのは

楽しかったですね。

自分で考えるためには「技」が必要。それを教えられる授業をしたいと思っています

池上　現在は、いわゆる教員養成課程で教えていらっしゃるわけですか。

齋藤　はい、教員養成課程が主たるフィールドで、「教育方法」とか「授業デザイン論」という、授業をデザインする授業をしています。

池上　もともと教員養成課程では、授業が「技」としてとらえられていませんでした。授業研究はありますが、大学ではどちらかというと「教育学」になってしまうのです。たとえば心理学を専門にしている先生が教育心理学を、社会学専門の先生が教育社会学を教えるように。そうすると、授業の本質を実践的に教えるというところが手薄になります。

池上　私も、教員養成の取材をしたことがありますが、学校の先生が子どもたちに教えるというのは、まさに技の部分が随分あるのにもかかわらず、その技の教え方をほとんどやっていない。そもそも、大学の先生の教え方があまりに下手で、教員の免許の更新制で、ベテランの先生が夏休みに大学の授業を受けてますよね。ひたすらみなさん、居眠りしてらっしゃる（笑）。

齋藤　あれは厳しい状況ですね。あの免許更新制については、うまく生かさなきゃいけないと思いつつも、趣旨がうまく実現されているのかどうか、よくわからないところもあるんですよ。

池上　学校の先生に対して、いかに上手に子どもたちに教えるかということを伝えなければいけない大学の先生が、あまりに教え方が下手だと、いかがなものかという気がしているんですが。

齋藤　もともと授業研究はあったと思いますが、授業を技としてとらえられてきませんでした。斎藤喜博先生など何人かの優れた先生のところに先生たちが集まって勉強するということはありましたが、大学の先生になるとちょっと違う、教育学になってしまうということがあります。

たとえば、心理学をやっている人は教育心理学、社会学をやりたい人は教育社会学。そうすると、大学で教えている先生の多くは、「授業」とまったく無関係な先生が多いんです。そういう方たちが全国に散って教員養成を担当するわけですから、科目としてはいちおう格好がつきます。でも、授業の本質を教える、実践的に教える人はほとんどいない。車の運転でも、運転できるようにさせないと危ないですよね、その肝心なところを教える人が少ないということです。

私としては、授業研究もやった上で教育方法をやって、それでいい先生を実際に育てられる、その仕組みというものを考えました。とりわけ、学生をその場で鍛えて、授業をうまくさせる。ただ話がうまい人を育てるというのではなくて、その人が教えた人も、そのように実践的に何か力が身につかないといけないわけですね。

私はテニスや空手のコーチをやっていたことがありますが、コーチはやってみせるだけではお金をもらうことはできません。選手が上達し、できるようになって初めて、指導の成果が表れたことになります。ですから授業でも、生徒ができるようになるかどうかというのをすごく気にしています。

身体論の研究をやっていたおかげで、「技」という概念を中心にいろいろなことを組み立てられるようになりました。授業というのは多くの場合、先生がしゃべったり、先生の板書を写したりしている時間が長すぎるのではないか、

なるほど! 池上彰がもらったヒント

コーチはやってみせるだけでなく、指導の成果が表れて初めてお金がもらえる

と私は常々思っていました。授業がスポーツの「技」の概念のように考えられていないという不満があったんです。

池上　テニスや水泳のコーチが指導して、選手が教わった通りできるようになるように、先生が教えたことを生徒が実践できる力を身につけるのが授業だ、ということですね。

齋藤　そうですね。たとえば、明治維新がなぜ起こったのかについて1時間の授業をしたとしたら、授業が終わった後には、子どもたち全員がそれを言えて、家に帰って家族に話して聞かせるところまで到達してもらいたい。それでなければ、やった意味がないというふうに考えます。

具体的には、先生が話したらメモをとらせ、そのメモを記憶させる時間をとります。次に、ふたり一組になって、その内容を順番に話します。その間、聞き手はノートを見ながらチェックして、足りないところを言ってあげるということを交互にやると、だいたい習得できます。それを私は毎時間、大学でやりました。

そういう再生方式みたいな授業をやっている先生が、現実にはあんまりいらっしゃらない。でも、それが授業の本来の基本形だと思うんですね。「考える授業」というのは、その基本に、先生の言ったことを理解して、自分の口からもう一度言える（＝再生できる）力がなければいけません。再生できない人は自分で考えることもできないですから。再生力が高まれば、自然にその組み合わせができてきます。そうしたら、考えるという作業に入れるのです。

あとは、メモするという作業にしても、小学校1年なら1年なりにメモをすることを教えないといけないと思います。あいかわらず高校生でも板書を写すだけ。私は、実習生の参観に行くものですから、もう膨大な時間が板書を写すことに費やされていて、そのスピードがすごく遅い。要するにこれは、貴重な時間を奪い取っている。子どもの時間をいわば供出させて、それを散財しているように見えてしまうんですね。

池上　なるほど。「供出させ、散財させる」、キーワードですね。

齋藤　その子どもの時間を奪っている責任というものを果たさない場合は、それはもはや犯罪に近いとさえ思っていたのですね。というのは、やはりひどい授業を見ていると、もうみんなが萎えていくのがわかるんです。ただ先生につ

なるほど! 池上彰がもらったヒント

再生できない人は自分で考えることもできない

きあっているだけなんです。みんな、ほかの先生を選んでいいというのでしたら、間違いなくほかを選ぶなというような場合でも、そこに座らせられている。みんながそういう苦痛に耐えている。

もちろん、なかにはいい先生もいますけれども、悪い先生でも淘汰はできないですね。その現実のなかで、時間感覚が足りない、時間の重みに対する意識が少ないなというのは、やはりスポーツのトレーニングとの大きな違いです。

池上　テニスのコーチのような、あるいは水泳の先生のように、生徒ができるようになって初めて役割を果たせるのですね。

いわゆる話の上手な先生っていらっしゃいます。まさに講演会をエンターテイメントとして1時間半聞いて、「ああ、おもしろかったね」と終わる先生がいらっしゃるんですが、齋藤先生の場合は、実際にやらせてみて、「ああ、本当にこうなんだな」って体でわかる。ここがまったく違うんだなと思ったんですね。

齋藤　だから、やはり技化するというんでしょうかね、自分でやらないとわからないし、繰り返さないと身につかない。講演会でもそれをやりますからね。2000人全員が立たされて、体操させられて、また私の話をその場で再生させられるといったら、普通は嫌になりますよ。嫌になるんだけれども、やってみると意外に爽快感があるんです。やはり、自分がやるほうが、みんな飽きないし、それをただ考えろというのは無理だと思います。

私は、考えるというのは、とりあえず、手で考えるしかないんじゃないかと思うんです。上を向いたり、宙を向いたりして考えるというのはほとんどなくて、数学でも、考える人ほど手が速く動いているんです。紙の上で考えている。そういう文字を書きながら、文書を書くこと自体が考えることになっている。そうでなければ、白昼夢に陥っているような状態なんですね、多くの場合（笑）。

日本の教育は、多くが考えるという言葉、「考える授業」と「考えることが大切」ということに、すごく踏み迷っちゃったのだと思います。あるいは、固定的な人間をつくるとか自由とか、そういうところに完全に絡め取られてしまって、その幻想を追って20年も30年も霧の中にいるというふうに見えるんです。

スポーツの世界でも、自由な選手というのは、「技」が

なるほど! 池上彰がもらったヒント

日本の教育は「考えることが大切」という言葉に絡め取られている

ちゃんと身についているんです。「人間の個性を育てる」「自由な人間を育てる」というものも、まずはきちんと読解できる、人の言っていることがわかる、メモがとれる、自分のコメントが言えるという「技」があってこそだと思います。その訓練を積んでいれば、いざ社会に出たときに、自由に考えていけるわけです。それが、フリーターという形になりますと、これは社会的にもポジションがない、働きがはっきりしないとなると、不自由度が高いのです。

池上　なるほど。たしかに、たとえばピカソの抽象画も、いきなりピカソが抽象画を描いたわけではなくて、実は初期を見れば、基本的なデッサン力があってこそ、あの抽象画が生まれたということがわかりますね。

そういう意味でいうと、「自分の頭で考えることが大切だよ」とは一般的にいわれますが、どうやれば考えられるのかという「技」の部分が、きちんと提示されるということが少なかったのかもしれませんね。

齋藤　技術というと、何か人間性と離れているように感じてしまいますが、そういう「技術」と、「生きる力」という非常に抽象的な概念のちょうど中間あたりに、私は「真似る力」「段取り力」「コメント力」という3つの力、つまり社会的な人間性というのがあると思います。そのうちの「真似る力」というのは、3つの力の根底にあるもので、上達の普遍的な原理であるといえます。

「技」を真似るという気構えを子どもがもたなければ上達しないというのは、スポーツや武道では当たり前です。先ほども話しましたように、「先生がやってみるね」とお手本を示し、「では、みんなもやってみよう」と言ってやらせる。授業でも、そういうステップは大切だと思います。

「段取り力」というのは、仕事の多くを占める部分であって、会社はほとんど段取りで成り立っているところがあります。この力は本来、学校でも鍛えることができるものです。また、人が何かをやったら、それに対してコメントするというのは、これは返礼のようなものですから、反応するということ自体が社会性といえますね。

ただ、実際には、そういう観点が足りていない印象を受けます。理科の実験でも料理の手順でも、その段取りを書き出させて、それを自分なりにもう一度言える力。段取りという概念を中心に据えることで、学校の授業でおこなっ

なるほど! 池上彰がもらったヒント

「真似る力」は上達の普遍的な原理

ていることと、社会で求められている力につながります。それが「生きる力」を育てるということだと思うんです。学校教育と生きて働く力が乖離して、離れすぎてしまったのが反省点ではないか、と。中間の概念がなかったように感じてしまいます。

この根本的な構造の間違いに、ほとんどの人は気がついてないという致命的なことが起こっているわけです。それが、私から見ると、すごくイライラしてしまう、時間がもったいないなということなんです。

「何がすごいのか」「どこが違うのか」、問いの魅力で、子どもたちの思考が育ちます

池上　私が、「こどもニュース」をやっていたときに、どうやればわかりやすい説明ができるんですかと聞かれ、どうしてだろうなと考えて、ふと気がついたんです。いろいろなニュースを解説するときに、私もニュースについていろいろな本を読んだり調べます。調べて、ああ、ここなんだ、わかったと思っても、「じゃ、それを説明して」と言われると、説明できないということがあるわけです。まさに先生のおっしゃる再現性の問題です。

このときに、どんな難しい問題でも、経済、国際情勢でも、これを小学生に説明するにはどうしたらいいだろうかという問題意識をもって調べるんです。そうすると、まさに再現で

すね。読んだものを、自分で声に出して、どうすれば小学生にわかるかなって考えながら一生懸命勉強すると、本当に自分の身につくんですね。

齋藤　インプットする時点でアウトプットを想定してやるということです。子どもも「授業が終わったときには、これについて話せるようになっていることが必要なんだ」と思っていれば、そのために話を聞きます。逆に、何のために学ぶのかということを意識していなければ、人は真剣には学ばないんですね。

ですから、最終的にどんな形になってほしいのかというイメージがクリアで、自分はなんとしてもこの一年間で子どもたちにこれをできるようになってほしいという強い思いを教師

がもっていると、それが子どもたちにもしっかり伝わると思います。たとえば、最低限小学校低学年のうちに鉛筆を正しく持てるようになっている、などです。

池上　まず最初に全体像を示すということが大事ですね。たとえば、テーマパークへ行ったとして、入口のところで全体の地図を見せて、「今、ここにいます。この後、このルートを通って、ここが目的地です」と示せば、みんな納得しますし、安心しますね。全体像が見えて初めて納得し、安心できる。何事にも全体像の地図を示すことが大事だと感じます。

齋藤　そうですね。それがまさに私のやっている「授業デザイン」です。「授業が終わったときには、こうなってますよ」というできあがりをデザインして、教師がそれを生徒と共有するのです。「みんな信じられないかもしれないけれども、最後はこれが暗唱できるようになっているから」と。

私が、質問はありますかと聞いたときに、質問をする生徒はほとんどいないんですね。ですから、「私は20分話します。20分後に3個以上は質問をメモしておいてください。質問の優先順位をつけておいてください。その中でいちばんいいものだけを聞くように」と言えばやるんですね。それをやらない限り、だれも質問を考えなくて、質問はありますかと言ってから考え始めるので、思いつかない、あるいはつまらない質問になってしまう。

質問さえよければ、ソクラテスの対話法ではないですけれども、話は進んでいくんですね。

弁証法というのは、元来、あることについて疑問を投げかけたり、反対のことを言って、それを乗り越えていく。その運動です。運動は、この場合、質問というのが運動を引き起こすので、いい質問さえできればどんどん深まっていく。その質問を鍛えるということは大事だと思います。

ノートをとるときに、自分の質問とか、コメントとか、感想、もしくはそれにプラスして自分の経験でそれと似たようなことは、緑色でメモをさせるんです。そうしますと、それをほかの人に話すとき、要約と自分の経験などふたつのタイプの材料が揃い、それらをあわせると、自分の話に加工されていきます。そうすると、単なる伝達ではなくて、完全に咀《そ》嚼《しゃく》された状態になる。

池上　オリジナルが入りますね。

齋藤　ひとつ自分のものを加えて話すという、単純なことですけれども、それも練習すればそんなに難しいことではないと思います。

池上　同時に、先生が質問ありますかというのは、ただ一方的にしゃべって、最後の最後に、では、質問ありますかと言われると、ええっ、質問できるんだというのがありますね。たとえば講演会でも、事前に、最後に10分間質問の時間をとりますので、なんでも聞いてくださいと先に言っておけば、途中で、これは質問しようって考えられますね。

いきなり話し始められると、話がどこへいってしまうんだろう、いつ終わるんだろうというのがわかりません。最初に、今から1時間半話をします、言いたいことは、これとこれです。最後に10分間質問の時間をとります、と最初に言っておくと聞き手が安心しますね。大学の授業のシラバスって、あれは1年間の地図ですね。

齋藤　1時間なりの地図も必要ですね。終わったときには、こうなっていますという、デザインとされたものが。

授業デザイン論というのは、簡単なんですけれども、狙いやキーワードがあって、テキスト、題材というのを自分で決めて、それであとは段取りを書き、仕込みという準備をする。そういうシンプルな構造で、料理のレシピのようにいちおう1時間と区切ってデザインしてみる。最後にはこうなって終わるという料理のイメージみたいなものをもって臨む。それを生徒とも共有するわけです。「みんな信じられないかもしれないけれども、最後はこれが暗唱できるようになっているから」と。たとえば、「こういうふうにやっていきます。そうすると夏目漱石についてひと通り語れるようになります」と、いうように、最初にイメージを提示するんです。

そうなると逆に最終的にどんな形になってほしいのかという教師のイメージがクリアでないと、また上手な質問をして、最後には理解を深めるんだよという強い願いがないと伝わらないと思います。

願いが伝わってこない授業というのがあるんですよ。私が教員養成を担当してから、10年くらい教師をやっている卒業生もでてきています。そういう人たちも3年くらい経つとそれなりの教師になってくるわけです。なかには変な慣れ方をしちゃう人というのもいるわけですね。これでいいと思っていて、その水準の低さが目につくわけです。教師のなかでは、わりと努力しない人ほどお互いに接触しないようになってくるので、お互いを見られることが減ってくるわけですね。人に見られて、客観的な結果を出そうとしないと、もうその人の教師としてのいろいろな力がそこでとまってしまう。つまり、強い思いというのが、自分自身のなかでもてなくなってくるんです。

自分は、なんとしてもこの1年間で子どもたちにこれをできるようにさせて、仕上げて出すんだという強い思いをもっている人というのは、毎年、その技術に関してうまくなっていくんですね。

あとは、問いを立てる「発問力」というのが、教師にとっては重要だと思います。たとえば、単に「幕藩体制の成立と衰退」というテーマでは興味をそそられないので、「なぜ二百何十年も続くようなものができたのだろう」「なぜそれが揺らいだのだろう」「なぜ廃藩置県が比較的穏やかに成立して移行できたのだろう」という問いを授業の最初に立てて、その問いに対して、授業の終わりには生徒全員が答えられるようになっていますよ、と。そのほうが魅力のある授業ができると思います。

教え方の上手な教師は、子どもたちが発見しながら進めるような材料や資料を集めてくるのが、たぶん、うまいと思うんですね。それをテキストとよぶとすると、教科書がテキストじゃなくて、考えるための材料がテキストです。そうすると、授業にひとつの大きな問いがあって、そのなかに3つ小さな問いをつくって、それに題材を入れて、子どもたちに発見させながら、最後を締める。こういうふうにすると、やはり問題解決学習というのと、一斉学習というのが矛盾しないで進行できると思うんですね。

池上　よく教科書にあるのは、淡々と叙述が続いて、最後に質問があったりする。あれを逆にして、ここで幕藩体制の成立時で考えるけれども、こういうことについて後で答えられるように考えながら読んでみようという構成にすると、ずいぶん違いますね。

齋藤　たぶん、池上さんが書かれる本というのは、現在の社会についてというのがありますね。そこには、そういった問いかけがあるんです。

先生たちも問いかけしないわけではないんですけれども、それが思考の構造になるように徹底しなきゃだめだと思いますね。子どものなかに、必ず問いを発すると、その問いに対して3つぐらいのステップを踏んで説得力ある答えを用意するというような思考のプロセス自体が技にならないといけない。そうなりますと、だんだんと問いの立て方に工夫が必要になってくるんです。

私は「すごいよシート」というのをつくったことがあります。たとえば「円周率ってすごい」とか、「周期表ってすごい」とか。何がすごいかというポイントを3つ挙げて、「だからすごいんだ」ということを1分間で説明させるのです。

池上　すごいというのは、つまりそれが本質ですね。何がすごいんだろうと考えることで、結果的に、この本質は何だろうかということを考えさせているわけですね。

齋藤　それをシートとして作るというのがミソですね。

さらに私は、「ここが違うシート」というのもつくってみました。たとえば、「鎌倉幕府と江戸幕府はここが違う」とか「微分と積分はここが違う」とか。思考の構造というのは、何がすごいのかを言えて、違いはこれなんだと言えれば、ほぼ理解できていると言えますよね。その時点で、考えるということはだいたい終わるんだと思うんです。

池上　わかります。私が無意識に実践していたことを、今、見事にまとめていただいたなと思いました。

昔、ノーベル賞を受賞した小柴昌俊さんを招いて、「ニュートリノってなぁに」ということを説明してもらったんです。

そのための模型をこちらで考えなければならなかったんです。ニュートリノって見えないわけですから、その見えないものをどうやって模型にするか一生懸命考えました。それが、今になってみれば、つまりニュートリノでノーベル物理学賞を取ったのは何がすごいのかということを、実は一生懸命考えていたということなんですね。

もうひとつ、ニュースを解説するときに、よく考えるわけです。解説は何となく簡単にできるんです。でも、わかりにくかったり、おもしろくなかったりする。そのときに、基礎に立って、「これ、何がニュースなんだっけ?」と自問自答するんです。「そもそも、どこがニュースなんだっけ」と考える。それが言ってみれば、すごいということであり、これまでとは違うからニュースだったんですね。違いを見つけているんです。

齋藤　オバマ政権の前と後で何が違うとか、民主党と自民党では何が違うとか、そういうような「何が違う」と言われると、その違いが急にくっきりする。私は、そういうのを授業で教えようと思ったんです。ひとつのものを見せても、思考って進まないんですけれども、比較すると急に特徴がはっきりしてくる。たとえば、フェルメールを一枚見せただけでは反応しないけれど、セザンヌを横に置いて、違いをいくつか言ってみようというと、答えられるんです。そのとき初めて「見る」ということが起きるのです。違いによって、人間の認識というのは喚起されるのですね。

ですから教師は、そういう比較の対象をもってくる努力をすればいいと思います。

まずは思考の「型」を作ってあげる。「型」が身につけば、自然に考えられるようになります

池上　齋藤先生は、子どもたちへの教え方を先生方や学生さんなどに教授する立場にいらっしゃいます。そのために、ご自身の持っているテクニックを自己分析し、具体的な形にして伝達しているわけですね。

齋藤　「すごいことと違うことを考えるようにしなさい」と言うだけでは、なかなかできないけれど、シートという形にすれば誰でも書き込めます。さきほどもメモをとるときに経験や感想は緑色で書くと完全に咀嚼《そしゃく》されるという話をしましたが、三色ボールペンを使うときも同じで、「主観と客観を分けて考えなさい」というだけではそのとおりにはできません。でも、「緑は絶対に主観的なことだけ書くんだよ」と言うと、小学生でもできます。そして色を入れ替えたときに主観から客観、客観から主観への思考の転換が起きるんです。

教師は逆に言うと、そういう比較する何かをもってくればいいわけです。たとえば文学でも、中島敦を一方でやるときに、もう一方にだれかをもってきたら、中島敦がくっきりするか。中島敦と高村光太郎は似すぎている、じゃ、大和言葉で上手に書いている作家か、ある

いは村上春樹のような新しい人をもってくる。好き嫌いがあるかもしれないけれども、とりあえず違うよねというところから入るとか、そういう比較の対象をもってくる努力が、話に説得力をもたせるために、またその対象物をクリアにするためにはいいわけです。

池上　私はみんなにわかりやすくするためには、どうしたらいいかなということを自分なりに考えてきました。ところが、齋藤先生は、子どもたちへの教え方を先生方に教授するために、そのテクニックを自分なりに分析して、自分の手がけたことを組み立てて、ある種マニュアル化して、こうやれば子どもたちに教えられるよということを伝達する。そのために、先ほどの何がすごいかやってみようとか、違いはどこかということを文章にして伝えているわけですね。

齋藤　そういうことを考えるようにしなさいと言っても、だれもやらないんです。だから、シートにする、その違いをシートにすれば、絶対書き込むんです。

必然的にそのようになるというのが、つまり「型」です。私が武道などで得た「型」の考え方が授業にも有効で、そういう「型」を身につけ、修練することで、感覚が繊細になるんですね。

池上　武道では、最初に型を教えられます。でも最初は、なんでこんな「型」が必要なのかわからない。「型」が身について、いろいろな応用ができるようになって初めて、ああ、こういうことだったのだということがわかります。

齋藤　自分にとって、最初は自然に感じられなかったことでも、練習していると今度は「この鉛筆の持ち方のほうが断然スムーズだ」というふうになってくるのが、正しい「型」だと思うんですね。そういう意味では、自分にとって最初に自然だと思うことがすべてではありません。

それは、スポーツの世界では当たり前のことですね。不自然な動きを自然に感じられるようになるまで反復するのが「練習」。勉強でも、源氏物語のどこがいいのかさっぱりわからなかったし、全然意味がわからなかったけれど、それを何度も音読しているうちに意味がわかって、改めてもう一度読んでみたら、そのよさがわかるということもあります。そうすると、それからは自然に感じられるようになりますね。

抽象画を見て、最初、さっぱりわからない、何か変なんじゃないのと思ったときに、でも、抽象画の説明を聞いて

なるほど！池上彰がもらったヒント

「型」を身につけ、修練することで、感覚が繊細になる

改めて見たら、いい抽象画と悪い抽象画があるんだというのがわかる。これはいいわ、と思えたら、感覚が変容しますね。それが学ぶということだと思うんです。

ストップウォッチを、なぜ授業で基本の道具として先生が使わないのか、私はわからないんです。やはり1分でまとめて話すというのは、すごく大事なことなんです。生徒に、今の話をふたり一組になって1分で交互に言ってねと。「1分、はい、終わり」とやると、生徒はなんだかんだいってもちゃんとやるんですね。「次の考える時間は2分ね。メモする時間は2分ね、はい、終わり、じゃ、発表」とやるんです。ストップウォッチを使うと、子どもがはっきり動き出すんです。

池上　ストップウォッチでやってみて、たとえば自分が1分間話をしてみようと、ええっ、1分ってこんな長かったのと、あるいは3分ってものすごく短いと思ったけれども、実は3分でしゃべろうとすると、相当な内容を自分でもってないと話せないとか、やってみて初めてわかるんですね。

齋藤　そうです、作業の密度が変わるんです。だから、作業の1分の密度を高めて、高めて、すごく高めると、そうすると10分というのは相当なんでもできると思います。まずは、単位時間の1分の密度を高める練習をする。

だから、100ます計算とかはすごくいいと思います。1分でこんなにできるんだとか、どんどん速くしたいとなると密度が高くなります。自分の頭の速度が高速回転になりますので、ほかのものがゆっくり見えてくるんです。イラつく面もあるけど、余裕もできるわけです。ですから、自分の頭が速く回転すればするほど、余裕をもってほかの人に接することができるようになります。

池上さんの感覚ですと、テレビで、フリーで３分ありますと言われたら……。

池上　ええっ、そんなに長い時間をどうしようと思いますね。

齋藤　そうでしょう。普通の人は、意外に無防備で３分スピーチと言われたときに、短いと思ってしまうんです。でも、最初の１分、２分はもたもたしているんだけど、途中で自分なりに調子が出てきて、乾杯のあいさつで５分、10分平気で話す人がいますね。

テレビの15秒、30秒の感覚というのは全然違うものですね。どうでしょうね、感覚的に15秒あったら、相当な１ネタが話せるみたいなイメージですか。

池上　テレビをやってみてよくわかりました、30秒あれば起承転結つけられますね。15秒だと、１つのメッセージ、起承転結の結だけでしょうね。20秒あれば、起と結。

齋藤　１分あれば２ネタ回りますからね。３分あれば、６個回すので、ちょっと準備させておいてくれよとなりますね。

池上　３分は準備が大変ですね。むしろ、１時間の方が楽ですね。

齋藤　テレビの時間というのは、30秒というのはすごい重い時間ですね。ＣＭで買ったら、ものすごい金額になりますからね。

　その時間感覚というのは、私は活用すべきだと思います。今の子どもは昔の子どもに比べますと、そういう高速回転の日常になれているわけですね。でも、勉強はできるようになってないんです（笑）。テレビは高速回転で動いているのに、学校のスピードは……。そのずれが、子どもを退屈させているのです。テレビのようなエンターテイメントにする必要はないのですけれども、意識の高速回転を要求しているのです。

池上　ＮＨＫで「こどもニュース」をやる前は、現場の記者でしたから、現場でレポート収

録するんですけれども、そのときに、たとえば財務省の前とか、外務省の前で記者が立ってカメラに向かってしゃべるのがありますよね、あれを立ちリポというのですけれども、画面にずっと顔を出し続けるのは40秒が限界だといわれていたんです。一般に、ひとりの人がしゃべっているのをずっと見ているのは40秒が苦痛のぎりぎり限度だといわれたのが10年前なんです。

今は、たとえば、齋藤先生がテレビでコメントを始めて、もし、40秒お話しになると25秒くらいで、ほかのキャスターなどに画面が切り替わるんですね。つまり、40秒は齋藤先生のしゃべりをずっとひとつの映像で撮ってられないのです。ディレクターの方が耐えられなくなるんです。見ている人もそうだろうと、25秒ぐらいでほかの人のうなづきを入れ、最後の5秒ぐらいはまた別の人を入れるというふうに考えるんです。

その緊張感というのかな、先生たちもちょっと考えてほしいですね。

齋藤　やはり時代は変わってきているんですね。私もテレビでは20秒与えられる瞬間というのは、ほとんどないです。大体10秒ぐらいですね。10秒で言わなければいけない。20秒あったら相当長い感じですね。

かつては40秒だったのが25秒になってきた。その縮まり方をみれば、私は情報処理能力というのは高まっていると思うんですね。その高まっている子どもたちがちっともできるようになっていないというのは、学校が、そのスピード感に対応していないからだと思っています。

池上　テレビでは進行表があって、何分何秒で切り替わる時間と今の時計が見られるので、急に振られても、あと何秒あるかわかるわけです。あと20秒でしゃべり終わらないといけない場合もあるし、30秒のところで自分に来てもあと30秒はしゃべれるんだなとわかることもある。進行表と時計を見ながら、自分にいったい何秒あるんだと、そこで考えてコメントを作るんですよね。

齋藤　その時間感覚というのが、ディスカッションのときにも必要だと思うんですね。ディスカッションをうまくやる能力を鍛えるというのは、今の学校では求められている力なんですけれども、ディスカッションにも、明らかに技術の差がありますね。4人で話しているのに、時間は10分だとすると、1人で5分以上取っちゃう人っているんですよ。そうすると、ほかの人の時間を奪っているわけだから、その人は注意してあげないといけないんですけれども、日本人には注意する人はいないですね。

シンポジウムで並んでいて、私は4番目か5番目になることが多いんだけれども、みなさん、5分ずつでと言ったら、5分で終わる人はいないです。最後に来たときには、私の時間というのは、ほとんどない。ストップウォッチを使っている人はゼロですからね。

本当に時間を計って話す人がいない現実。それは、シンポジウムのパネリストの人たちは、ひと通りちゃんとした人物ですけれども、その人たちが時間感覚がない。ということは、ほとんどの人はもってないということになりますね。

池上　私がコーディネイターのときは、最後に5分ずつお話しいただく時間がありますので、4分20秒でお願いしますと言うと意識するんですね。

齋藤　私だったら、ストップウォッチを回しちゃいますね（笑）。

池上　いや、5分と言われて、7分、8分話す人というのは、目の前にストップウォッチがあっても見ないですよ（笑）。4分とか5分とかではなくて、20秒とか、15秒と言われた途端に、時間にちょっと鋭敏にならざるを得ない。ちょっとしたコツですね。

齋藤　秒の感覚を取り入れるんですね。

知性も感情も、しっかりした体と集中力があってこそ、まとめあげられます

池上　今の時代ということを考えたときに、これから必要とされる教育のあり方というもので、先生がお考えのことをお聞かせいただけますか。

齋藤　私は、「知・情・意・体」という4つが大事だと思っています。

「体」というのは、体のエネルギー全体。最近の傾向として、これが弱くなっている感じがするんです。全体にすごくみんなおとなしくなっていて、線が細くなっていて、声が小さくなって。都会で暮らすにはちょうどいいから、ある意味適応しているのかもしれませんけれども、その体の変化が急激過ぎるんですね。

たとえば、幕末の人たちの移動距離というのは、半端ではありませんでした。あの時代の人たちは、坂本龍馬も吉田松陰も、みんな歩いて学んでいました。あの険しい箱根の山を、カゴを担いで人を乗せて登っていた人がいた時代ですから！

その足腰からくる臍下丹田の呼吸力—それが、集中力を高めるということです。体にアプローチして、能力を高める。それが、日本の寺子屋の音読教育にはありました。今も、英語の先生や大学教授など、多くの先生方が音読のよさを認識しています。私はせっかちなので、速音読といって、とにかく速く読むという練習をやっています。

池上 滑舌がちゃんとしていないと速く読めないですね。

齋藤 速音読というのは、意味がわかっていないと速く読めない、抑揚がうまくないと速く読めない、息が長く吐けないとうまく読めない。いろいろなことがセットで鍛えられるのです。

1日で『坊ちゃん』1冊を音読で読破するというのを小学生200人とやったんです。5

時間半ぐらいかかりましたけれども、できるようになりました。最初の1ページ目と最後の1ページ目だったら、速度は3倍くらい違いますね。最後はすらすらと読めます。それは、やはりそれになれてくる。1日で日本語って上達するんです。

私は、小学校の国語の教科書の改善委員だったんです。みんなの意識が私とはずれていて、あの教科書に私はものすごい危機感があるんです。薄過ぎる。小学校1年の教科書と6年の教科書の厚さがほとんど変わらないんです。私は、6年間あったら、20倍以上の開きがなくてはおかしいと思います。おそらく、税金がそこに投入されていないんですね。国語の教科書の予算を多くしてほしいですね。量をやらないとうまくならないというのは、私の考え方

です。

あとは、知性の「知」、「情」というのは感情の理解、そして意志の部分というのが「意」。この「知・情・意」を、トータル的に「体」でまとめあげるのです。

頭がよくても人の感情のわからないのでは困りますし、知性がない人というのもどうかと思います。また、何かをしたいという意志のない人は、頭がよくても結局のところはあまり役に立たないというか、かえって害になることだってあり得るわけです。

意志の部分の教育というのは、伝記のようなものを読むことで鍛えられると思います。高橋是清とか、福沢諭吉の自伝を読むと、そういう、人に恥ずかしくない生き方をしようと思います。そういうのも是非、学校教育で実践してほしい部分ですね。

池上　自分は社会のために何をしたいのか。志があってこそ知性が生きるということですね。では、最後になりましたが、学校の先生方へのメッセージをお願いします。

齋藤　たくさんあるのですが、ひとつあげるなら、「ミツバチたれ」ということです。

ニーチェの『ツァラトゥストラはかく語りき』の最初に「私は知恵の過剰に飽きた、あまりにもたくさんの蜜を集めたミツバチのように。私の持つ知恵を分かち与えたい」という言葉があります。この言葉のように、私は先生自身に、たくさん本を読んでほしいですね。そして、先生が読んだ本を生徒に、授業の最初に紹介してあげてください。

そして、先生自身がいつまでも知的好奇心や向上心を刺激されていてほしいです。先生自身が常に新しい本を読み、何かに憧れている姿に、子どもたちはついてきます。それが、「憧れに憧れる」構造だと思うんです。

池上　家庭でも同じですね。親が頑張っているところを見せれば、子どもだって自然に、勉強しなさいと言われなくても、勉強しますね。

齋藤　先生や親が子どもと一緒になって、「じゃあ、覚えてみようか」と、用意スタートで覚えて、「もう暗唱できたよ」と先生も負けないようにやってみるとか、そういう競い合う、切磋琢磨が楽しみになるような空間作りというものをやってほしいと思います。

池上　最近、自然社会においてもミツバチがどんどん消えているんです。ミツバチがいないために受粉ができなくて、野菜や果物を作る農家では今、大問題になっていますね。

齋藤　ミツバチは受粉させなくてはいけない、結びつけなくてはいけないのですね。そういう意味でも、ミツバチという比喩は、なかなか深いかもしれませんね。

池上　単に子どもたちに情報伝達するだけではなくて、子どもたちの間のコミュニケーションを結びつける。

齋藤　そしてさらに、子どもたちと社会をつないでいく。まさに教師の仕事ですね。

池上　今日はどうもありがとうございました。

（この対談は２００９年９月に行われました。）

教育は技術ではなく、創造力が必要な芸術

人材教育は教える側から変えていく

独立行政法人宇宙航空研究開発機構（ＪＡＸＡ）
宇宙科学研究所宇宙航行システム研究系教授　元「はやぶさ」プロジェクトマネージャ

川口　淳一郎　氏

2010年6月13日午後10時51分（日本時間）、約7年ぶりに地球に帰還した小惑星探査機「はやぶさ」。約60億㎞の宇宙大航海の間、通信の途絶、行方不明、地球帰還の延期、エンジンの故障と何度もトラブルに襲われながら、小惑星「イトカワ」の試料採取などのミッションを果たした「はやぶさ」の偉業は、日本はもちろん、世界からも賞讃されました。川口淳一郎先生は、「はやぶさ」チームを率いたプロジェクトマネージャです。人類史上初のプロジェクトを遂行するため、メンバーのクリエイティビティを刺激してきた川口先生に、今、求められる人材育成についてお聞きしました。

●川口　淳一郎（かわぐちじゅんいちろう）

1955年、青森県生まれ。74年、青森県立弘前高等学校卒業後、京都大学工学部機械工学科に進学。大学卒業後、東京大学大学院工学系研究科航空学専攻に進学。83年、同大大学院工学系研究科博士課程修了。宇宙科学研究所（旧文部省）に入所、助手に着任。88年、助教授、2000年、教授に就任。「はやぶさ」プロジェクトマネージャ。専門は探査機の飛行力学、姿勢・軌道制御など。

「はやぶさ」に対する日本社会の関心の高さは、NASAなど海外でも驚かれています

池上　「はやぶさ」の帰還以来、ひっぱりだこですね。

川口　地方自治体をはじめ、さまざまな団体や組織が子どもを勇気づけたり、将来の夢を描ける機会を設けたいと工夫し、努力されています。そういう催しには、いくらでも協力したいと思っています。

池上　「はやぶさ」をテーマにした映画も次々と作られました。同じテーマで映画会社が競作するのは、非常に珍しい。それだけ、素晴らしい成功だったということですよね。

川口　自分たちの仕事に真摯に取り組んでいたら、映画会社から企画が次々と持ち込まれたという感じです。「はやぶさ」に対する反響は、アメリカのNASAも驚いているくらいです。

池上　NASAもですか。どんなところに?

川口　宇宙開発の必要性をパブリック、つまり一般社会にどう理解してもらうか、ということに、どの国の政府も宇宙機関も頭を悩ませているんです。一般の方は宇宙開発が進んでいることは知っていても、研究内容まで詳しく知っている人は少ないですし、理解するのはな

かなか難しい。ところが、「はやぶさ」は、帰還の少し前から盛り上がり、帰還に成功して以後は映画化され、さらに多くの人に知られることになりました。その訴求力が驚きだったようです。

池上　たしかに研究開発における広報活動は重要ですね。財政事情が悪くなると、すぐに役立たないものや先が不透明なものは、削減の方向に進んでしまいます。ＪＡＸＡも事業仕分けで東京・丸の内の情報施設「ＪＡＸＡｉ」が廃止されてしまいました。研究開発の厳しい環境のなか、「はやぶさ」の成功は、さまざまな言葉で説得するよりも雄弁に、その姿で日本人に感動を与えました。影響力は、とても大きいですよね。

川口　本当にありがたいことです。とくに東日本大震災以降、「はやぶさ」に対する評価が大きく変わりました。困難を乗り越えてミッションを成功させた「はやぶさ」を震災前よりも深く受けとめられる方が増えたと感じています。

「学び」の基本はＨｏｗではなく、Ｗｈａｔ。その発想が新しいものづくりに役立ちます

池上　日本は戦後、科学技術を一生懸命振興し、先進国に追いつこうと努力してきました。やっと追いついたと思ったら、今度はつくってもなかなか売れない。東日本大震災の原発事

故も重なって、科学技術への信仰や安全神話がかなり崩れてしまいました。

川口　私は子どものころから電子工作が好きでしたし、当時は同級生にも世の中にも「科学技術が好き」という雰囲気がありました。「日本人はもともとの気質として、科学技術が好きなのかな」と思ったこともあります。しかし、今の子どもたちがエレクトロニクスや電子工作に積極的に取り組むかというと、むしろ逆です。子ども向けも含めて科学雑誌は全部、売れ行きが落ちていますし、人気がありません。

その理由を考えてみると、日本人はもともと科学技術が好きなわけではなく、高度経済成長に乗って製造業に従事する人が多かったから、社会全体の「ものづくり」への関心が高かったんじゃないか。それが子どもにも波及していただけなのではないかと気づいたのです。

池上　なるほど。時代の影響力ですね。

なるほど！池上彰がもらったヒント

行き詰まったら「新しいものをつくる」ことが大事

川口　ものづくりが競争力をなくすというのは、避けなければならないことです。けれど、製造コストが上昇してくると、ものづくりの競争力は失われるんですね。日本はバブル経済の崩壊という形で競争力を失ってしまった。

池上　しかし、日本はものづくりの国といわれていますよね。どうしたらいいのでしょう。

川口　大事なのは、行き詰まったら、「新しいものをつくる」ということです。長い間、日本では、いいものを大量につくっていけば、どこまでも発展していくという誤解が続いていました。しかし、それではいずれ必ず崩壊します。どこかで「新しいものをつくる」方向に転換しなければいけません。

　私たちが考えなければならないのは、バブル経済がはじけてからの二十年以上、何をしてきたか、ということです。ものづくりの世界は海外に散らばり、国内の工場はどんどん減り、空洞化しています。この状況を高度経済成長の時代に戻すことで製造業を立て直すのではなく、新しいものをつくり出す方向に目を向けるべきなんです。そのきっかけに「はやぶさ」がなれば、願ったり叶ったりです。

池上　たしかに私の子ども時代も鉱石ラジオをつくるのが遊びのひとつでしたし、科学雑誌もみんなが読んでいました。今は、子ども向けではなく、「大人の科学マガジン」が団塊世代向けに復刊したりしていますね。

川口　新しいものを創造するために、いちばん欠かせないのは人材育成です。そのためには、まず育成する側が変わらなければいけません。育成する側が変わることで、育てられる側も変わっていくからです。ただ、育成側を変えるのは大変です。そう教育されて育ってきているので、意識がなかなか変わらない。

池上　川口先生は著書にもお書きになっていますね。「学びのプロになっちゃいけない」と。教育関係者は、どちらかといえば、「学びのプロ」といえるのでしょうか。

川口　そうですね。自分と同じタイプの人材を育ててしまうという面はあると思います。

池上　「学びのプロではいけない」という意味を、もう少し具体的にご説明いただけますか。

川口　学校もそうですし、予備校もそうなんですが、Ｈｏｗしか教えていないんですね。Ｈｏｗというのは「やり方」です。でも、本当はＷｈａｔを探す訓練をしなければいけ

なるほど! 池上彰がもらったヒント

Howという「やり方」を教えるのではなく、Whatを探す訓練をすべき

ないんです。「なんで?」と子どもたちが自ら気づくことが大切です。

学校の仕事である「学び」というのは、基本的にＨｏｗです。リテラシーと言い換えてもいいかもしれない。教材が提供する守備範囲のなかから、「これだけ学べばいい」ということが子どもたちに与えられて、範囲内のことをいかに覚えているかが試される。ある意味でルールがはっきりしている世界です。

しかし、ルールがはっきりしているということは、すでに決まっている世界ですから、それ以上のことはやらなくてもいいんです。

池上　新しいことはないですよね。

川口　新しいものがない世界というのは、Ｈｏｗを知っているだけなんです。Ｈｏｗだけの教育がずっと続くと、同じことの繰り返しになってしまう。

池上　ただの単純再生産ですね。

川口　そうなんです。提供されている範囲の外に何があるかを見つけられる人材を育成しないと、既存の壁は破れないんです。

池上　川口先生は「教科書というのは過去のことだ。過去を学ぶだけだ」と著書でも書いていらっしゃいますね。

川口　そこが教科書や論文の落とし穴なんです。私が大学院生たちに「論文には過去しか書いていないよ」と話すと、誰もがぎょっとしますね。大学院に入ると研究を求められる。研究とは新しい世界を探ることなんです。ところが彼らは、まずどんな論文を読めばいいかを聞いてくる。それは大いなる間違いなんです。本当は論文に書いていないことを探るのが研究なのに、ずっと誤解され続けている。それほど日本のものの教え方が徹底しているともいえますが、結果的に逃れられない繰り返しが続いているという気がします。

池上　今から10年ほど前、インターネットで検索ができるようになり始めたころ、ＮＨＫでディレクターがよく使うパソコンに誰かが貼り紙をしたんです。「検索するのはいいですが、見つかるのは、すべて過去に誰かが考えた内容です。新しい番組が生まれるわけではありません」と。そうだなぁと思いました。

川口　学校の先生にはもっと違う才能、芸術的なセンスが求められます。芸術的なセンスとは、教科書に書いてある

なるほど! 池上彰がもらったヒント

学校の先生には教科書に書いてあること以外を探す「芸術的なセンス」が必要

こと以外を探す努力のことです。そのセンスがなければ、人を育成することはできないんじゃないでしょうか。芸術的センスをもっていないと、子どもたちにあれこれ言っても通じないでしょうねぇ。

池上　教員養成学部の先生に読んでもらいたい話ですね。先生は教科書を一生懸命、教えようとするんだけど、教科書以外のことをちゃんと気づかせようよ、ということですね。

川口　そうです。子どもたちから新たな興味を引き出す力とでもいいますか。言うは易くおこなうは難しで、現実には簡単ではありませんが、芸術的センスをもって子どもたちを育てないと、従来通りにものをつくって販売して、というルーチンから逃れられません。

「学び」から脱皮して、自分で考える瞬間が訪れないと、進路は決まらない

池上　川口先生の学生時代についてお聞きしたいのですが、物理や宇宙に興味をもつようになったきっかけは何でしょうか。

川口　小さいころからいろいろな分野に関心はあったのですが、宇宙開発に結びつくまでには時間がかかりました。さきほどの話とも関係しますが、学びから脱皮できる瞬間が訪れないと、進路は決められないんですよね。その瞬間が早い人もいれば、遅い人もいる。

池上　青森の弘前高校から京都大学に進まれた理由は？

川口　よく聞かれるんですが、東北の日本海側は上方文化圏なんです。昔の移動は列車が主でした。弘前からは上野に行くよりも大阪・京都に行く本数のほうが多いくらいだったんです。

それから、京都には反骨的な精神が流れている。自分が育った弘前は田舎ですけれども、城下町で地方文化を大切にしようとしている。東京に対してある種の独自で意固地な文化を育てようというのが強いところです。そういう京都の独自性が私の肌に合ったんですね。

池上　京都大学では、どんな勉強をしようと思っていたのですか。

川口　自分は理系の人間で機械のことを勉強したいと思っていましたが、具体的に何をしようというのはなかったですね。

池上　でも、その後、東京大学大学院に進学されて、宇宙とつながっていかれますよね。

川口　ええ。自分がやりたいことが宇宙だと気づいたのは、大学4年生になってからでした。

宇宙に目を向けるきっかけになったのは、大学在学中の1976年に火星探査機のバイキングが着陸したことです。ロボットが火星に着陸して、自立的な活動をするプロジェクトがすごかった。だからロボットについて勉強を始めました。バイキング計画のスケールの大きさに感動し、「こういうことをやってみたいな」と思ったのがスタートですね。

池上　ああ！　はい。同じ宇宙でも、川口先生は宇宙開発に目が向き、私はSFにはまりました。やっぱり理科系と文科系というのは全然違いますね。

川口　私もSFは好きです。「将来は人が宇宙に行くんですか」とよく聞かれるので、私は「行くんだ」と答えています。有人宇宙活動に対してお金がかかるわりに成果はどうなのか、と考える人は多い。確かに最初はコストがかかりますが、成功が続けばいずれ輸送コストは低減していきます。

　また、人類がこれから500年もの間、地球の引力圏外に出て行かないのか、というと、答えは「ノー」なんです。「500年もの間、地球の引力圏の中にしかいません」と宣言するなんてむなしいと思いませんか？　すぐにではないかもしれないけれど、人類はいずれ必ず出て行くはずです。だから、SFは、将来、実現する世界を表現しているんでしょうね。

池上　輸送のコストやエネルギーのことを考えると、イオンエンジンが有力だとかそういうことになっていくわけですか。

川口　そうです。イオンエンジンはまだまだかもしれませんけれども、新しいエンジンがどんどんできるわけですね。原子力は今言うとタブーになるかもしれませんが、木星から外側に行ったら、宇宙を航海するための動力源は原子力しかないんですね。

池上　そうか。太陽風もだめか。

川口　太陽風というか、太陽の光、エネルギーそのものがもうまったく役にたたない。土星まで行けば地球にくる1パーセントしか届きませんからねえ。だからまったくもう話にならなくなっているわけで。活動を維持するためには少なくとも土星以遠というのは完全に原子力がなければいけない世界なんですね。逆にいえば原子力というのはそのためにあるといってもいいかもしれない。

池上　原子力についてのそういう視点というのは、初めて聞きましたけれどもね。なるほど。いわれてみればそうですよね。

川口　ええ。

成功を新しい発想につなげるか、感動で終わらせるか、このふたつには大きな差があります

池上　それにしても著書を読ませていただいて、「はやぶさ」や「ミネルバ」（探査ロボット）が電波を出すかどうかで電波管理の担当者が「届けを出しているんですか、許可が出ているんですか」と言い出すのには驚きました。お役人は、こんなことにまで口を挟んでくるのかと愕然としました。

川口　人材育成の話にも通じますが、ある種の人たちは、ルールを守るように鍛えられ、その通りに行動するのが仕事だと思っている。学校の授業でよくある「この範囲のことを学べばいいんだよ」と教師が言い、学生がそれを徹底して学ぼうとするのとじつによく似ています。

野放図にやる危険性もありますから、ガイドラインは必要だろうということで、ある種の強迫観念に迫られて作ったルールかもしれません。しかし、新しいものを生み出すためには、規制はできるだけ軽くしたほうがいいんです。日本は、やろうとすると邪魔なものがいっぱいありますねえ。

池上　日本は特別に許可されたもの以外は原則禁止ですが、アメリカは特別に禁止されたも

の以外は原則どうぞご自由にというまったく逆の発想ですよね。

川口　多すぎる規制は日本の経済発展やイノベーションを妨げた理由でもありますね。

池上　地方自治も同じですね。特別に国が認めたものだけ地方はやれるけれども、あとは地方で勝手にやっちゃいけない、国がやる。アメリカの憲法では、特別に国がやるものは書いてありますが、書いてないものは地方が勝手にやりなさいという方針です。

川口　日本の文化的な特性でしょうね。「学ぶ」ことと同じ発想です。

池上　だからこそ、アメリカでは新しい技術や発想が生まれる。マイクロソフトやグーグル、アマゾンが生まれ育つ土壌があるんですね。

川口　先月、アメリカのシアトル近くに「プラネタリィ・リソーシズ・インコーポレーション」という会社が起業しました。惑星の資源開発を目指す会社です。

池上　今から会社ができているんですか。

川口　しかも、投資者がたくさんいて、ジェームズ・キャメロンなんかの有名人も投資しています。アメリカでは、そんな夢のような会社が作られる。でも、惑星開発に現実味を与えた「はやぶさ」が生まれた日本でこそ、企業化の発想があるべきなんですね。私は太陽系大航海時代というのがいずれ来るという話を至るところでしていますが、「じゃあ、ビジネスを起こそう」という発想は日本からは出てこない。

池上　「はやぶさ」の成功で小惑星から資源をもってくることが現実味を帯びた瞬間、アメリカでは会社ができてしまう。でも、日本は「素晴らしい」と言って感動しているだけです。

川口　成功を新しい発想につなげるかどうかには、大きな差がありますよね。

池上　「はやぶさ」は新しい可能性を見せたのに、日本では誰も反応しなかった。耳が痛いなあ。

空気は読まなくていい。人と違う発想ができる人材を育てる能力が先生には必要です

池上　「はやぶさ」プロジェクトも終了し、今は次の計画がありますが、川口先生もそろそろ定年退職が見えてきましたよね。

川口　あと6年です。宇宙ビジネスは時間がかかります。「はやぶさ」の後継機「はやぶさ2」が地球に戻ってくるのは、8年後の2020年です。

池上　となると、今は計画を推進しながら、同時に後進を育成していく立場でもありますね。後進の育成では、どんなことを考えていらっしゃいますか。

川口　私は技術や手順、計算の仕方のような技量を教える必要はないと思っています。いちばん大事なのは、ものの考え方と経験の伝承です。人間の能力は、若い人のほうが処理速度が速い。体力もある。記憶力もかなわない。でも、お年寄り向けの講演会で強調するんですが、歳とともに成長していくものがある。それが経験です。

たとえば、「はやぶさ」の後継プロジェクトで、若い人は一生懸命、技術的なことを検討する。内容もしっかりしていて高いレベルにあるんですが、プロジェクトは一歩も進まないこともあるんです。なぜかというと、デシジョン、つまり決定をしないからなんです。

デシジョンには、度胸だけでなく、タイミングも考慮する必要があります。その裏付けになるのが経験です。その判断が若い人はできないので、次の会議まで宿題にしようと持ち越してしまう。そして、何か月も足踏みして動かなくなるんです。ところが、経験を積んだ人が加わると、深追いするよりも今はこれくらいでいいとか、判断ポイントがわかる。経験がないとプロジェクトは進まないでしょう。

池上　一般社会でもそうですね。会議ばかり開いて、何も決まらない。

川口　ベターを求めすぎるのが日本人の悪い特性です。ここまでやるともっといいことがあるに違いないし、あったに違いないからもっとやろう、ということになっていく。けれど、プロジェクトは集中的に投資して、短期間に必ず成果を出そう、という活動です。真理の探究とは違う活動なので、どこかで手を打って前進しないと成果は出てこない。日本とアメリカのビジネスの違いとも共通する点です

なるほど！池上彰がもらったヒント

ベターを追求しすぎず、経験に裏付けられたタイミングで「決定」してゆかないことは進まない

ね。

池上　そこが結局はスピード感の違いになって出るし、日本の政治も何も決められないといわれていますけれどもね。

川口　これは制度そのものがよくないかもしれませんよね。

池上　経験豊富な政治家がいっぱいいるはずなのですけれども、決められないですよね。

川口　民主主義はときには右往左往するという結果に陥るだけです。民主主義がいいというのはいろんな意見を発信する。たしかにそういうところはいいかもしれませんけれども、ポリシーが一貫した政策がとられないということにつながっていきますよね。

両立させる方法というのは、うまく工夫すればいいのかもしれませんけれども。アメリカ大統領制は絶対的な権力というのをもっているんだけれども、大統領は絶対2期を超えて続けられないというルールなんですよね。8年で必ず終わる、という。これはたぶんひとつのいいルールです。現職は圧倒的に有利なので、多くの人が2期連続していますけれどもね。

でもそういう意味では4年というのも今の日本の総理の交代のサイクルからいくと、十分長いですよね。例えば4年後はかならず交代しなければならないとしたら、この人にちょっと任せてみるかというようなことがないと、1本芯が通ったような政策はできないんじゃないですかねえ……。

池上　なるほど、経験はDecision、決定する力、判断する力ですよねえ。経験を積むというのはそういうことかあ。

川口　科学技術といっても結局は人間のデシジョンで進んでいくんですよね。科学は、ずっとにらめっこしていたら、そのうちに何かポロッと出てくるものではなく、ヨミの上でやっている。目標があって、それにこだわるから、いろいろなことが展開するんです。科学技術も、ものの考え方の問題なんです。

池上　ものの考え方を養うには、どうしたらいいでしょうか。

川口　いかに人がやらないことをやろうとするかが出発点だと思います。

　芸人さんと対談することがあるんですが、芸人さんは、涙ぐましいほどの苦労を重ねてネタを考えています。でも、ネタを考えて一生懸命、覚えようというのはＨｏｗを習得することです。そこから決していい芸は生まれてこない。いかに人のやっていないことを思いつけるか、から新しい芸は生まれるんです。それを心がけることが出発点じゃないでしょうか。

池上　つまり「あまのじゃくになれ」という。

川口　ええ。アップル社のコピーに「Think Different」という言葉があって、もともとは「ThinkPadを批判するために生まれた言葉なんですが、大事なことは人と違う道を歩むことです。人と同じことをしていたらiPhoneもiPadも生まれなかったでしょうし、ビジネスもイノベーションも生まれてこない。

芸人さんが人に使われていないネタを見つけられるか、学校の先生が教科書に載っていないことをどれだけ掘り返せるか。それが芸であり、アートなんです。

池上 ただ、日本の学校では、みんなと同じことをやりなさいといわれてしまう。

川口 それが問題ですよねぇ。生徒はおびえていますよ。人と違うことをやっていると、仲間はずれにされるんじゃないかって。

池上 そこからみんな空気を読み始めて……。

川口 空気を読む、というのはいちばん聞きたくない言葉ですよね。

池上　教室の中で人と違うことをやると浮いちゃうんじゃないか、いじめられるんじゃないかと空気を読む。それでは「Think Different」にならないですね。

川口　対極にある言葉ですよね。どうしてこういう言葉がはびこってしまったのか。全体主義は空気を読むことから始まるんです。個人主義と対極にある。変えなきゃいけないかなと思いますね。

だから誰かが何かを教えてくれると、安心してついていくんだけれども、教えてくれる人がいなくなると、呆然としてしまう。何していいかわからないというかね。ポリシーをもっていないということなんだよね。個性を発揮してこうあるべきだということが語られる世界なら、自分の歩いている道は正しいと思えるはず。そこが大事なことですよね。

池上　でも、学校の先生が守備範囲から外れて教えるというのは、相当、難しいですよね。そもそも先生たちは、生徒に一定の知識を教えなければいけないという仕事があるわけですから。

川口　私は入試では、教科書も参考書も辞書も全部持ち込みにしたらいいと思うんです。それをやらないから、この守備範囲は徹底して覚えろよ、ということになってしまう。でも、それでは創造性は養われません。

また、たとえば、英語の入試問題でたったひとつの単語がわからないだけで、解答できないことがあったとしたら、そのミスがひょっとしたら致命的になるかもしれない。人生を左右するかもしれないというのは、とんでもないことです。だって、社会に出たら、辞書でもネットでも一発ひいたら解決する問題でしょう。あっという間に解決することを試験で試してどうするのか、ということですよね。

だから、違うものを評価したらいいんですよねえ。その人のもっている、書いていないところをどう発揮していくかという能力を。まあ、試験の短い時間ではそういうことを確かめられないかもしれませんけれども。芸術系の大学などみんなそうですが、何日間というなかで創作をさせるんですよ。日数が足りなかったとしたら、たとえば高校でこういうことを私はやってきた、そういうことを主張する入試のやり方もあるんじゃないかと思うんですよね。

池上　私も4月から東京工業大学で教えるようになったのですが、学生に社会保障制度を説明した後で、日本の社会保障制度はどうあるべきか、あなたの考え方を書きなさい、とレポートをその場で書かせたんです。そうしたら一生懸命、スマートフォンでデータを調べようとする学生がいたんです。理系の人は、何かを論じるときに必ずデータが必要なんですね。でも、私が求めていたのは、彼自身の考えです。すぐ調べてしまうんだなあ、と驚きました。

川口　全部ネットで調べるんですよね。だから最近は、講演会などで、ネットを調べても回答できないような課題でディベートするように勧めています。

そうしたらある学校の先生は、最初に生徒をふたつに分けてしまった。でも、それでは自分が賛成していない意見のチームに入れられている子もいるわけです。最初から分けてしまうのは、おかしいと思うんですね。無理矢理やらされていると感じてしまいます。

ディベートでは、たくさんの意見が出てきます。どれも正解かもしれないし、正解ではないかもしれない。異なる主張を論戦する場が本当のディベートです。だからこそ、ディベートのテーマは、ネットで検索して、調べられるようなものはダメなんです。

池上　調べ学習というのもありますからね。

川口　ツールですよね。そのときにこういうテーマを出したらどうかというひとつの例です

よ。「石器時代の娯楽はなんだったか考えなさい」。どこにも答えは載ってないんですよ。そうすると自分でああじゃない、こうじゃないと、あるいは花鳥風月かもしれませんよね。魚釣りかもしれない。いろいろ挙げてきてこれに違いない、と思ったら「私はこう思う」とプレゼンさせるといいんですよね。もちろん、答えは違っているかもしれません。でも自分で考え出さなければ答えが見つからない領域があることに気づくことが大切なんです。そういう意味で、どこにも解答がないような問題を考える力が先生には求められているんですね。

池上　最後に学校の先生たちにメッセージをお願いします。

川口　ぜひ伝えたいのは、「教育はコピー技術ではなくて芸術だ」ということでしょうか。

池上　芸術とは何かというと創造性、クリエイティブなものですね。なるほど。ありがとうございました。

なるほど! 池上彰がもらったヒント

教育はコピー技術ではなくて芸術だ

（この対談は２０１２年６月に行われました。）

池上　彰（いけがみ・あきら）
1950年、長野県生まれ。ジャーナリスト。東京工業大学教授。慶應義塾大学卒業後、73年、NHK入局。報道記者として勤務。94年から11年間、「週刊こどもニュース」のお父さん役を務め、子どもたちにわかりやすくニュースを解説。2005年、NHKを退局。著書に『池上彰の宗教がわかれば世界が見える』（文藝春秋）、『学び続ける力』（講談社）、『池上彰の社会科教室』（帝国書院）など、多数。

編集協力　ロッソ・ルビーノ ／ 杉本　多恵
取材・編集協力　NPO法人　ここよみ

池上彰が聞いてみた
「育てる人」からもらった6つのヒント

2013年7月3日　初版発行

著　者　池上　彰
発行所　株式会社　帝国書院
代表者　斎藤　正義
東京都千代田区神田神保町3-29（〒101-0051）
TEL. 03(3262)0830　帝国書院販売部
TEL. 03(3261)9038　帝国書院開発部
振替口座　00180-7-67014
WEB PAGE　http://www.teikokushoin.co.jp
印刷所　株式会社　加藤文明社

ISBN978-4-8071-6110-2